J. Tropper/ D. Nicolae • Biblisch-Aramäisch kompakt

HESED

Hebraica et Semitica Didactica

2

Herausgegeben von

Martin Rösel (Rostock)

und

Josef Tropper (Berlin)

Biblisch-Aramäisch kompakt

Lehrbuch mit Übungstexten, Glossar und Paradigmensammlung

von

Josef Tropper

und

Daniel Nicolae

unter Mitarbeit von Juni Hoppe

2., verbesserte Auflage

hartmut spenner kamen 2013

Bibliografische Information der Deutschen Bibliothek

Die Deutsche Bibliothek verzeichnet diese Publikation in der Deutschen Nationalbibliografie; detaillierte bibliografische Daten sind im Internet über http://dnb.ddb.de abrufbar.

Der Text wurde von den Autoren als reprofähiges Dokument zur Verfügung gestellt.

Verlag Hartmut Spenner
Herbert-Wehner-Str. 2, 59174 Kamen
www.hartmutspenner.de

ISBN 978-3-89991-144-2

Printed in Germany 2013

Inhaltsverzeichnis

Vorwort zur zweiten Auflage

Das vorliegende Lehrbuch richtet sich in erster Linie an Benutzer mit Kenntnis des Biblisch-Hebräischen und bietet in betont knapper Form eine Einführung in die Grammatik des Biblisch-Aramäischen. Es basiert auf einem älteren Unterrichtsskript von J. Tropper. Eine erste Version des Lehrbuchs wurde 2004 erstellt und seitdem wiederholt im Unterricht praktisch erprobt.

Der grammatische Stoff wird in *acht Lektionen* vermittelt und im jeweiligen Übungsteil durch ausgewählte Originalsätze bzw. -syntagmen vertieft. Jede Lektion ist für eine zweistündige Lehrveranstaltung konzipiert. Beginnend mit der neunten Unterrichtseinheit sollten zusammenhängende Originaltexte nach Wahl gelesen werden. Als Einstieg mag der Übungstext von Teil II (Daniel, Kap. 5) dienen.

Das Lehrbuch kann alternativ auch „induktiv" benutzt werden, indem man den ausführlich kommentierten und mit vielen Verweisen auf die Lektionen versehenen *Übungstext* (Daniel, Kap. 5) als Ausgangspunkt wählt und sich die grammatischen Phänomene entlang des Textes erarbeitet. Das beigefügte Sachregister (Teil V) kann in diesem Zusammenhang ebenfalls von Nutzen sein.

Das Lehrbuch enthält ein *Lernvokabular* (Teil III), das die wichtigsten, typisch aramäischen Vokabeln des Biblisch-Aramäischen enthält und das aufgrund der vielen Querverweise auch als eine Art Wortindex dienen kann. Ein vollständiges Glossar wurde demgegenüber nicht beigefügt. Studierende sollten von Anfang an eines der einschlägigen neueren „Hebräisch"-Wörterbücher benutzen, die alle auch das Biblisch-Aramäische im Anhang behandeln, z.B. KOEHLER L./BAUMGARTNER W., *Hebräisches und Aramäisches Lexikon zum Alten Testament*, Lieferung V: *Aramäisches Lexikon*, Leiden [u.a.] ³1995.

Die wichtigsten in den Lektionen verstreuten *Paradigmen* sind im Teil IV zusammengefasst und dort systematisch angeordnet, was ein schnelles Nachschlagen erlaubt.

Teil V enthält ein *Abkürzungsverzeichnis*, den Schlüssel zu den *Belegstellen der Übungstexte* der Lektionen 2 - 8 und ein kurzes *Sachregister*, das den Stoff der Lektionen erschließt.

Eine Reihe von Personen hat die erste Auflage dieses Lehrbuches (2010) kritisch durchgesehen und Verbesserungsvorschläge unterbreitet. Hervorgehoben seien Matthias Müller (Berlin), Martin Rösel (Rostock) und Dennis Pardee (Chicago).

Die vorliegende zweite Auflage berichtigt Flüchtigkeitsfehler der ersten Auflage, vor allem Fehler in der Vokalisation der aramäischen Schrift und Fehler in den Übungssätzen, die sich infolge falscher Zeilenumbrüche durch das Programm eingeschlichen hatten. Ferner wurden einige grammatische Details in den Lektionen und mehrere Anmerkungen neu hinzugefügt. Und schließlich bekamen die Übungssätze und der Übungstext von Teil II (Daniel, Kap. 5) ein neues, benutzerfreundlicheres Layout. Federführend bei der Neuauflage war Juni Hoppe. Daniel Nicolae übernahm die abschließende Formatierung des Textes. Beiden möchte ich an dieser Stelle herzlich danken.

Berlin, im Juli 2012 Josef Tropper

LEKTION 1

Aramäisch versus Hebräisch

1.1 Klassifikation

Das Biblisch-Aramäische gehört zur aramäischen Sprachgruppe des Semitischen. Das Aramäische bildet zusammen mit dem Kanaanäischen, zu dem auch das Hebräische zählt, den sogenannten nordwestsemitischen Sprachzweig. Ein fernerer Verwandter ist das (Nord-)Arabische. Alle drei Gruppen zusammen werden auch als zentralsemitische Sprachen bezeichnet.

Biblisch-Aramäisch ist die Sprache der aramäischen Teile des Alten Testaments: Dan 2,4b-7,28, Esr 4,8-6,18 und 7,12-26, Jer 10,11 und zwei Worte in Gen 31,47. Es spiegelt zum einen aramäische Dialekte Judäas wider, orientiert sich aber zugleich an dem sogenannten Reichsaramäischen, der normierten Verwaltungssprache der Perserzeit. Es gibt beträchtliche Unterschiede zwischen dem älteren Esra-Aramäischen und dem jüngeren Daniel-Aramäischen.

Das Aramäische ist ab ca. 1000 v. Chr. schriftlich bezeugt. Eine Reihe von Dialekten wird noch heute gesprochen. Auch das Klassisch-Syrische ist eine aramäische Sprache.

Der Verwandtschaftsgrad zwischen Biblisch-Hebräisch und Biblisch-Aramäisch ist relativ eng; deutlich näher verwandt ist das Hebräische jedoch mit anderen kanaanäischen Sprachen wie dem Phönizisch-Punischen oder dem Moabitischen.

1.2 Konsonanten und Vokale

Das Biblisch-Aramäische ist uns durch die masoretischen Grammatiker in der gleichen Konsonantenschrift und mit gleichem Vokalsystem überliefert wie das Biblisch-Hebräische.

Es wird hier empfohlen, im Aramäischen bei allen **Begadkefat**-Verschlusslauten (*Mutae*) zwischen spirantischer und explosiver Ausspracheart zu unterscheiden, je nachdem, ob der betreffende Buchstabe ohne oder mit *Dageš lene* geschrieben ist. Spirantisches ת ist wie das stimmlose *th* im Englischen auszusprechen (vgl. *thin*), spirantisches ד wie das stimmhafte *th* (vgl. *the*), und spirantisches ג wie ein Gaumen-„*r*“ (vgl. den *r* Laut im dt. Wort *Burg*) bzw. wie ein stimmhaftes *ch* (wie etwa im Wort *Wagen* in gewissen deutschen Dialekten).

Anders als das Hebräische verwendet das Aramäische häufig auch א als *mater lectionis* (Vokalbuchstabe) im Wortauslaut, und zwar regelmäßig für auslautendes *-ē*. Für auslautendes *-ā* steht meist ה, daneben aber auch א. Aufgrund dieser orthographischen Regeln wird beispielsweise bei Verbformen *tertiae infirmae* das Perfekt in der Regel mit ה, בנה = בְּנָה *er baute*, und das Imperfekt mit א geschrieben, יבנא = יִבְנֵא *er wird bauen.*

1.3 Konsonantenentsprechungen

Aramäische Wortformen unterscheiden sich von hebräischen teilweise im Konsonanten- und teilweise im Vokalbereich. In gewissen Fällen gibt es bei den Konsonanten שׁ, ז und צ keine 1 : 1 - Entsprechung zwischen Hebräisch und Aramäisch. Die wichtigsten lautlichen Unterschiede sind:

- Hebräisches שׁ entspricht aramäischem שׁ *oder* aramäischem ת ;
- Hebräisches ז entspricht aramäischem ז *oder* aramäischem ד ;
- Hebräisches צ kann im Aramäischen sogar *vier* Entsprechungen haben: צ, ט, ע oder (selten) ק .

Der Grund für die Nicht-Entsprechungen liegt darin, dass dabei spezifische ursemitische Konsonanten im Spiel sind, nämlich die Interdentale *ṯ*, *ṯ̣* und *ḏ* einerseits und der Laterallaut andererseits, die weder im Hebräischen noch im Aramäischen – wohl aber beispielsweise im Arabischen – bewahrt geblieben und stattdessen mit unterschiedlichen lautlich benachbarten Konsonanten zusammengefallen sind. Im Hebräischen sind die Interdentale zu Zischlauten (= Sibilanten), im Aramäischen dagegen zu Dentallauten verschoben worden. Das nachfolgende Diagramm und die beigefügten Wortformen illustrieren dies.

	ursem.	hebräisch	bibl.-aramäisch
Dentale	t	t ת	t ת
	ṭ	ṭ ט	ṭ ט
	d	d ד	d ד
Interdentale	ṯ	š שׁ	t ת
	ṯ̣	ṣ צ	ṭ ט
	ḏ	z ז	d ד
Sibilanten	š	š שׁ	š שׁ
	ṣ	ṣ צ	ṣ צ
	z	z ז	z ז
Lateral	ṣ́ / ḍ	ṣ צ	ʿ ע q ק (selten)

Beispiele:

ursem.		*wird im Hebräischen zu*	*und im Aramäischen zu*
ṯalāṯ	*drei*	שָׁלֹשׁ	תְּלָת
qayṯ̣	*Sommer*	קַ֫יִץ	קַ֫יִט
ḏibḥ	*Opfer*	זֶ֫בַח	דְּבַח
ʾarṣ́/ḍ	*Erde*	אֶ֫רֶץ	אֲרַק/אֲרַע

1.4 Vokalentsprechungen

Der Vokalismus des Aramäischen ist in mancher Hinsicht ursprünglicher als der des Hebräischen. Hervorzuheben sind drei Unterschiede:

a) Das Hebräische kennt anders als das Aramäische sogenannte Vortonvokale, d.h. lange Vokale (*ā* oder *ē*) vor der Tonsilbe. Im Aramäischen findet sich an den betreffenden Stellen ein reduzierter Vokal, d.h. sogenanntes *Schwa mobile.* Mit anderen Worten: Ursprünglich kurze Vokale vor der Tonsilbe (*a* einerseits und *i* bzw. *e* andererseits) wurden im Hebräischen gelängt, im Aramäischen dagegen gekürzt. Beispiele:

	aramäisch	*hebräisch*	*ursemitisch*
er schrieb	כְּתַב	כָּתַב	*kataba*
Jahr	שְׁנָה	שָׁנָה	*šanat-*

b) Kurzvokale in geschlossener Tonsilbe blieben im Aramäischen unverändert, während sie im Hebräischen in der Regel gelängt wurden. In den Beispielen finden wir im Hebräischen nicht nur die Längung der Tonsilbe, sondern auch die in a) erwähnte Dehnung der Vortonsilbe:

	aramäisch	*hebräisch*	*ursemitisch*
Gold	דְּהַב	זָהָב	*ḏahab-*
Herz	לְבַב	לֵבָב	*libab-*

c) Langes *ā* wurde im Hebräischen (und allgemein im Kanaanäischen) zu *ō*, blieb im Aramäischen jedoch bewahrt.

	aramäisch	*hebräisch*	*ursemitisch*
Friede	שְׁלָם	שָׁלוֹם	*šalām-*

1.5 Übung: Kardinalzahlen

Prägen Sie sich die im Aramäischen bezeugten Kardinalzahlen ein und achten Sie auf die Unterschiede im Konsonantismus und Vokalismus zu ihren hebräischen Entsprechungen.

	Beim Maskulinum		*Beim Femininum*	
	aramäisch	*vgl. hebräisch*	*aramäisch*	*vgl. hebräisch*
1	חַד	אֶחָד	חֲדָה	אַחַת
2	תְּרֵין*	שְׁנַיִם	תַּרְתֵּין	שְׁתַּיִם
3	תְּלָתָה	שְׁלֹשָׁה	תְּלָת	שָׁלֹשׁ
4	אַרְבְּעָה	אַרְבָּעָה	אַרְבַּע	אַרְבַּע
6	—	שִׁשָּׁה	שִׁת / שֵׁת	שֵׁשׁ
7	שִׁבְעָה	שִׁבְעָה	—	שֶׁבַע
10	עַשְׂרָה	עֲשָׂרָה	עֲשַׂר	עֶשֶׂר
20	עֶשְׂרִין	עֶשְׂרִים		
30	תְּלָתִין	שְׁלֹשִׁים		
100	מְאָה	מֵאָה		
200	מָאתַיִן	מָאתַיִם		
1000	אֲלַף	אֶלֶף		
10000	רִבּוֹ	רִבּוֹ		

LEKTION 2

Nomen

2.1 Flexionsschema

Im Aramäischen werden nicht zwei, sondern drei Status des Nomens geschieden. Zusätzlich zu *Status absolutus* (St. abs.) und *Status constructus* (St. cs.) gibt es den *Status determinatus* (St. det.), auch *Status emphaticus* genannt, die Form des Nomens mit bestimmtem Artikel. Anders als im Hebräischen tritt der Artikel nicht vor, sondern in der Form *-ā* hinter das Nomen und bildet zusammen mit ihm eine Worteinheit. Entsprechende Formen sind auf der letzten Silbe betont, d.h. der Artikel trägt den Wortakzent.

Der Artikel wird in der Regel mit א geschrieben, während die gleich lautende Feminendung (St. abs.) mit ה geschrieben wird. Jedoch sind auch Ausnahmen bezeugt.

Das Flexionsschema für Singular (Sg.) und Plural (Pl.) mit dem Paradigmenwort טָב *gut* (vgl. hebr. טוֹב) lautet:

		Mask.		*Fem.*	
Sg.	*St. abs.*	- *Ø*	טָב	- *ā*	טָבָה
	St. cs.	- *Ø*	טָב	- *at*	טָבַת
	St. det.	- *ā*	טָבָא	- *tā*	טָבְתָא
Pl.	*St. abs.*	- *īn*	טָבִין	- *ān*	טָבָן
	St. cs.	- *ē*	טָבֵי	- *āt*	טָבָת
	St. det.	- *ayyā*	טָבַיָּא	- *ātā*	טָבָתָא

Der Dual ist im St. cs. und St. det. mit dem Plural identisch. Die Form des St. abs. weist die Endung *-áyin* auf, z.B. שָׁקַיִן *die beiden Schenkel.*

Man beachte die Unterschiede zum Hebräischen: Anstelle eines auslautenden *-m* im Plural / Dual St. abs. hat das Aramäische *-n*. Der fem. Pl. (St. abs.) endet im Aramäischen auf *-ān* (sekundäre Analogiebildung zu mask. *- īn*).

2.2 Nominalformen auf -āy

Nominalformen mit Zugehörigkeitssuffix *-āy* (entsprechend hebr. *-ī*), z.B. כַּשְׂדָּי *Chaldäer, Magier* bilden einen Plural St. det. auf *-ē* : Qere כַּשְׂדָּאֵי; Ketib כַּשְׂדָּיֵא (statt **kaśdāyayyā*).

Auch Ordinalzahlen sind mit diesem Suffix gebildet, z.B., תְּלִיתַי *dritter*, mit Femininum תְּלִיתָיָא (Qere תְּלִיתָאָה) *dritte* oder קַדְמָיֵא *erste* (mask. Plural, St. det.).

2.3 Feminine Nomina auf -īṯ *und* -ūṯ

Feminine Nominalformen mit ursprünglichen Endungen *-īt* und *-ūt* (mit Spirantisierungen: *-īṯ* und *-ūṯ*) weisen im Singular St. abs. eine Form ohne auslautendes *-t* auf. Im Plural wird das *ū* der Nomina auf *-ūt* zum Halbvokal *w*. Beispiele:

		St. abs.	*St. cs.*	*St. det.*	
-īṯ	*Sg.*	אַחֲרִי	אַחֲרִית	אַחֲרִיתָא	*Ende*
-ūṯ	*Sg.*	מַלְכוּ	מַלְכוּת	מַלְכוּתָא	*Königtum*
	Pl.	מַלְכְוָן	מַלְכְוָת	מַלְכְוָתָא	*Königtümer*

2.4 qVtl-*‚Segolata'*

Einsilbige Nominalformen des semitischen Typs *qatl*, *qitl* und *qutl* (auch *a-*, *i-*, *u*-Segolatum genannt) werden im Singular St. abs. zu zweisilbigen Formen aufgelöst. Dies kann auf zweierlei Weise geschehen:

1. Bezeugt ist zum einen die *Segolierung*, wie wir sie aus dem Hebräischen kennen, d.h. ein Einschub eines Hilfsvokals (meist Segol) zwischen zweitem und drittem Wurzelkonsonanten, z.B. מֶ֫לֶךְ *König* (< **malk*) und חֵ֫לֶם *Traum* (< **ḥilm*).

2. Weitaus *häufiger* ist eine andere Art der Auflösung, bei welcher der ursprüngliche Stammvokal zu *Schwa mobile* reduziert wird und der zweite Vokal den Wortton erhält. Beispiele:

כְּסַף *Silber* < **kasp*

לְחֵם	*Brot, Speise*	< **laḥm*
סְפַר	*Buch*	< **sipr*
קְשֹׁט	*Wahrheit*	< **qušṭ*
כְּתַל	*Wand*	< **kutl*

Man beachte, dass der »neue« Vokal der zweiten Silbe in der Qualität häufig nicht dem ursprünglichen Stammvokal entspricht (z. B. סְפַר *Buch* hat kein *i*, sondern *a*). Der St. cs. hat die gleiche Form wie der St. abs., z.B. כְּסַף *Silber*. Im St. det. ist dagegen der Stammvokal meist in seiner ursprünglichen Form erhalten (z.B. כַּסְפָּא *das Silber*), teilweise kann *a* aber auch zu *i* werden (z.B. דִּבְחָא *Opfer*).

Pluralformen werden wie im Hebräischen an sich von einer zweisilbigen Basis aus gebildet. Aus diesem Grund ist der dritte Wurzelkonsonant, wenn es sich dabei um einen Begadkefat-Laut handelt, spirantisch zu sprechen, z.B. מַלְכִין *Könige* (< **malakīn*) (vgl. hebräisch מְלָכִים *Könige*, < **malakīm*).

	St. det.		*St. abs. / St. cs.*	*hebräisch*
qatl	כַּסְפָּא	*das Silber*	כְּסַף	כֶּ֫סֶף
	דִּבְחָא	*das Opfer*	דְּבַח	זֶ֫בַח
qitl	סִפְרָא	*das Buch*	סְפַר	סֵ֫פֶר
	חֶלְמָא	*der Traum*	חֵ֫לֶם	(חֲלוֹם)
qutl	קֻשְׁטָא	*die Wahrheit* (lies: *qošṭā*)	קְשֹׁט	

2.5 Unregelmäßige Nomina

Die wichtigsten unregelmäßigen Nomina des Biblisch-Aramäischen sind (prägen Sie sich die Formen bitte gut ein):

אַב	*Vater*	mit Suff. אֲבוּךְ *dein Vater*; Pl. *אֲבָהָתָא, mit Suff. etwa אֲבָהָתִי *meine Väter*.
בַּר	*Sohn*	(entspricht hebr. בֵּן), mit Suff. בְּרֵהּ *sein Sohn*; Pl. *בְּנִין (vgl. hebr. בָּנִים): St. cs. בְּנֵי, mit Suff. בְּנוֹהִי *seine Söhne* und בְּנֵיהוֹן *ihre Söhne*.
*שֻׁם	*Name*	Sg. (mit Suff.) שְׁמֵהּ *sein Name*; Pl. *שְׁמָהָתָא, St. cs. שְׁמָהָת, mit Suff. שְׁמָהָתְהֹם *ihre Namen*.
רַב	*groß*	Pl. mit Reduplizierung des Stammes: רַבְרְבִין.
עַם	*Volk*	Pl. mit Reduplizierung des zweiten Radikals: Pl. det. עַמְמַיָּא *die Völker*.

2.6 Arten der Genitivverbindung

Im Aramäischen sind drei Konstruktionen für die Genitivverbindung bezeugt. »*Der Name des Königs*« kann wie folgt ausgedrückt werden:

∞ Typ 1	שֻׁם מַלְכָּא	die sogenannte Konstruktusverbindung: Nomen A (*Nomen regens*) im St. cs. + Nomen B (*Nomen rectum*) im St. abs./det.
∞ Typ 2	שְׁמָא דִּי מַלְכָּא	wörtlich *der Name, der des Königs*, d.h. die Umschreibung des Genitivausdrucks durch das Determinativpronomen דִּי (→ 3.4).
∞ Typ 3	שְׁמֵהּ דִּי מַלְכָּא	wörtlich *sein Name, der des Königs*, d.h. gleiche Konstruktion wie Typ 2, jedoch zusätzlich mit »vorwegnehmendem« (proleptischem) Pronominalsuffix am Nomen A (שְׁמֵהּ) (→ 3.2), das auf das Nomen B (מַלְכָּא) bezogen ist.

2.7 Übungssätze

1. נְבוּכַדְנֶצַּר מַלְכָּא עֲבַד[1] צְלֵם דִּי־דְהַב

2. בֵּלְשַׁאצַּר מַלְכָּא עֲבַד לְחֶם רַב

3. אַנְתְּה[3] מַלְכָּא[2] מֶלֶךְ מַלְכַיָּא

4. וּמַלְכוּ רְבִיעָיָה[5] תֶּהֱוֵא[4] תַקִּיפָה כְּפַרְזְלָא

5. וּמַתְּנָן רַבְרְבָן שַׂגִּיאָן 6. עַל כָּל־מְדִינַת בָּבֶל

7. וְאַרְבַּע חֵיוָן רַבְרְבָן סָלְקָן[6] מִן־יַמָּא

8. רַב־טַבָּחַיָּא דִּי מַלְכָּא 9. מִלַּת מַלְכָּא

10. וְכֹל שִׁלְטֹנֵי מְדִינָתָא

11. אֶצְבְּעָן דִּי יַד־אֱנָשׁ 12. נְהַר דִּי־נוּר

---

[1] *Er machte.*

[2] St. det. mit vokativischer Bedeutung: *oh König*!

[3] *Du* (Personalpronomen) → 3.1.

[4] *Sie wird sein.*

[5] Qere: רְבִיעָאָה: *die vierte* (fem. Ordinalzahl [→ 2.2]).

[6] *Sie* (fem.) *steigen/stiegen herauf* (wörtlich: *sie sind/waren Heraufsteigende* [Partizip]).

LEKTION 3

Pronomina

3.1 Personalpronomen

		Biblisch-Aramäisch		*vgl. Hebr.*
Sg.	*1.*	אֲנָה	*ich*	אֲנִי
	2. m.	אַנְתְּ(ה)[7]	*du*	אַתָּה
	3. m.	הוּא	*er*	הוּא
	3.f.	הִיא	*sie*	הִיא
Pl.	*1.*	אֲנַחְנָה/א	*wir*	אֲנַחְנוּ
	2. m.	אַנְתּוּן	*ihr*	אַתֶּם
	3. m.	הִמּוֹ(ן) / אִנּוּן	*sie (m.)*	הֵמָּה / הֵם
	3. f.	אִנִּין	*sie (f.)*	הֵנָּה

Das Personalpronomen der 3. Person dient auch als sogenannte Kopula von („dreigliedrigen“) Nominalsätzen, die gewissermaßen Subjekt und Prädikat miteinander verknüpft. In der deutschen Übersetzung tritt an ihre Stelle das Hilfsverb *sein*.

Beispiele:

[7] Qere (ה)אַנְתְּ; Ketib אַנְתָּה.

אַנְתְּה־הֽוּא רֵאשָׁה[8] דִּי דַהֲבָא	*Du bist das Haupt aus Gold* (Dan 2 38), wörtlich: *Was dich betrifft — er (ist) das Haupt, das aus Gold*
אֲנַחְנָא הִמּוֹ עַבְדוֹהִי	*Wir* sind *seine Diener* (Esr 5 11), wörtlich: *Was uns betrifft — sie (sind) seine Diener*

Die Kopula kann auch am Ende des Satzes (nach Subjekt und Prädikat) stehen, z.B. וּגְזֵרַת עִלָּיָא הִיא *und das ist der Beschluss des Höchsten* (Dan 4 21). Daneben gibt es auch Nominalsätze ohne Kopula, z.B. אִילָן בְּגוֹא אַרְעָא *ein Baum (war) mitten im Land* (Dan 4 7).

3.2 Pronominalsuffixe

יוֹם *Tag* mit possessivischen Suffixen:

		Singularreihe		*Pluralreihe*	
Sg.	*1.*	יוֹמִי	*mein Tag*	יוֹמַי	*meine Tage*
	2. m.	יוֹמָךְ	*dein Tag*	Ketib יומיך	*deine Tage*
				Qere יוֹמָךְ	(wie Sg.)
	3. m.	יוֹמֵהּ	*sein Tag*	יוֹמ֫וֹהִי	*seine Tage*
	3.f.	יוֹמַהּ	*ihr Tag*	Ketib יומיה	*ihre Tage*
				Qere יוֹמַהּ	(wie Sg.)
Pl.	*1.*	יוֹמַ֫נָא[9]	*unser Tag*	Qere[10] יוֹמַ֫נָא	*unsere Tage*
	2. m.	יוֹמְכֹם / יוֹמְכֹן	*euer Tag*	יוֹמֵיכוֹן	*eure Tage*
	3. m.	יוֹמְהֹם / יוֹמְהֹן	} *ihr Tag*	יוֹמֵיהֹם / יוֹמֵיהוֹן	} *ihre Tage*
	3. f.	יוֹמְהֵין		יוֹמֵיהֵין	

Für Objektsuffixe am Verb siehe → 6.3.

[8] So Qere; das Ketib steht wohl eher für רֵאשֵׁהּ *sein Haupt.*

[9] Auch: יוֹמָ֫נָא.

[10] Ketib יוֹמַיְנָא bzw. יוֹמֵינָא (Beleg: איתינא *wir sind,* Dan 3 18); Qere יוֹמַ֫נָא (אִיתַ֫נָא).

Dualische Nomina mit Suffixen lauten gleich wie pluralische Nomina mit Suffixen. Hervorzuheben sind die mehrfach zu beobachtenden Ketib/Qere-Unterschiede sowie die Form des Suffixes 3.m.sg. ־וֹהִי in der Pluralreihe. Die Form ־הִי des betreffenden Suffixes tritt im Übrigen immer nach Langvokalen und Diphthongen auf, also beispielsweise auch beim unregelmäßigen Substantiv אַב *Vater* im Singular, אֲבוּהִי *sein Vater* (vgl. אֲבוּךְ *dein Vater*), sowie nach Verbalformen mit vokalischem Auslaut, z.B. קַטְלוּהִי *sie töteten ihn*.

Nomina im femininen Plural werden — anders als im Hebräischen — wie Nomina im femininen Singular mit der Singularreihe der Suffixe verknüpft, z.B. חַבְרָתַהּ *ihre Gefährtinnen* (Dan 7 20). Das Nomen im femininen Singular erhält ein *Schwa* vor dem Suffix, z.B. נִשְׁמְתָךְ *dein Lebensodem* (Dan 5 23).

Die Mehrzahl der Präpositionen wird mit der Singularreihe der Suffixe verknüpft, z.B. לֵהּ *zu ihm*, andere mit der Pluralreihe, z.B. תַּחְתּוֹהִי (neben תְּחֹתוֹהִי) *unter ihm*.

Merke: בַּהּ־שַׁעֲתָא *in eben jener Stunde* (wörtlich: *in ihr, der Stunde*) und בֵּהּ־זִמְנָא *(genau) zu jener Zeit*.

3.3 Demonstrativpronomen

m. sg.	דְּנָה	*dieser*	דָּךְ	*jener*
f. sg.	דָּא	*diese*		
pl.	אֵל / אֵלֶּה / אִלֵּין	*diese*	אִלֵּךְ	*jene*

Diese Pronomina werden gebraucht wie hebr. זֶה bzw. הַזֶּה (etc.). Sie können nicht mit dem bestimmten Artikel kombiniert werden.

3.4 Determinativ- bzw. Relativpronomen

Das Aramäische besitzt ein Determinativpronomen דִּי mit der Grundbedeutung *derjenige von*. Es wird nicht dekliniert und dient unter anderem zur Umschreibung der Genitivverbindung, z.B. שְׁמָא דִּי מַלְכָּא, wörtlich *der Name, der(jenige) des Königs* (→ 2.6). Zum anderen leitet es wie hebräisches אֲשֶׁר auch Relativsätze ein, z.B. מַלְכָּא דִּי כְתַב *der König, der schrieb*.

Daneben hat דִּי Funktionen wie die hebräische Konjunktion כִּי und kann mit *fürwahr, denn, weil, dass* übersetzt werden. Es leitet diverse Nebensätze ein, z.B. יְדַע דִּי ... *er wusste, dass ...*, und steht auch am Beginn von wörtlichen Reden (dabei bleibt es unübersetzt, vgl. gr. ὅτι). Es tritt auch in Zusammensetzungen mit Präpositionen auf, z.B. מִן־דִּי *seit(dem) dass*, עַד־דִּי *bis dass*, כְּדִי *(sobald) als*.

3.5 Interrogativpronomen

מַן *wer?*

מָה *was?*

3.6 Die Partikel אִיתַי es gibt

Die aramäische Entsprechung zu hebräisch יֵשׁ *es gibt* lautet אִיתַי (es handelt sich eigentlich ein Subst. mit der Bedeutung *Existenz*). In Verbindung mit der Pluralreihe der Suffixe bedeutet diese Partikel soviel wie *er ist* (אִיתוֹהִי), *wir sind* (Kt. איתינא, Qere אִיתַנָא) usw.

3.7 Zahlen und Gezähltes

Wie im Hebräischen werden die Zahlen von 3 — 10 genuspolar mit dem Gezählten verknüpft: Im Zusammenhang mit maskulinem Gezählten hat das Zahlwort die feminine Form, im Zusammenhang mit femininem Gezählten dagegen die maskuline Form. Das Zahlwort kann biblisch-aramäisch vor, aber ebensogut nach dem Gezählten stehen; auch im ersteren Fall hat es meist die Form des St. abs. — Beispiele: גֻּבְרִין תְּלָתָא *drei Männer* (Dan 3 24), אַמִּין שִׁת *sechs Ellen* (Dan 3 1); שִׁבְעָה עִדָּנִין *sieben Zeitperioden* (Dan 4 13), תְּלָת עִלְעִין *drei Rippen* (Dan 7 5); וְשִׁבְעַת יָעֲטֹהִי *seine sieben Räte* (Esr 7 14 [die Zahl steht hier exzeptionell im St. cs.]). Höhere Zahleinheiten: יַרְחִין תְּרֵי־עֲשַׂר *zwölf Monate* (Dan 4 26); שְׁנִין שִׁתִּין וְתַרְתֵּין *62 Jahre* (Dan 6 1).

3.8 *Übungstext mit Übersetzung*

Im Folgenden wird ein erster zusammenhängender Text mit betont wörtlicher Übersetzung zu Übungszwecken vorgestellt, nämlich Dan 2 46-48 (Verbale Formen, die grammatisch noch nicht erklärt werden können, sind in der Übersetzung durch Kursivsetzung hervorgehoben. Man beachte, dass die Wortstellung gegenüber dem Hebräischen sehr frei ist (→ 4.7) und dass das Verb auch erst am Satzende stehen kann):

46 °בֵּאדַ֩יִן מַלְכָּ֤א נְבוּכַדְנֶצַּר֙ נְפַ֣ל עַל־אַנְפּ֔וֹהִי וּלְדָנִיֵּ֖אל סְגִ֑ד
וּמִנְחָה֙ וְנִיחֹחִ֔ין אֲמַ֖ר לְנַסָּכָ֥ה לֵֽהּ׃
47 עָנֵ֨ה° מַלְכָּ֜א לְדָנִיֵּ֗אל וְאָמַר֙ מִן־קְשֹׁט֙ דִּ֣י אֱלָהֲכ֔וֹן ה֚וּא
אֱלָ֧ה אֱלָהִ֛ין וּמָרֵ֥א מַלְכִ֖ין וְגָלֵ֣ה רָזִ֑ין דִּ֣י יְכֵ֔לְתָּ לְמִגְלֵ֖א
רָזָ֥ה דְנָֽה׃
48 אֱדַ֨יִן מַלְכָּ֜א לְדָנִיֵּ֣אל רַבִּ֗י וּמַתְּנָ֨ן רַבְרְבָ֤ן שַׂגִּיאָן֙ יְהַב־לֵ֔הּ
וְהַ֨שְׁלְטֵ֔הּ עַ֖ל כָּל־מְדִינַ֣ת בָּבֶ֑ל וְרַב־סִגְנִ֔ין עַ֖ל כָּל־חַכִּימֵ֥י
בָבֶֽל׃

[46] Daraufhin *fiel* der König Nebukadnezzar auf sein Angesicht (Dual mit Suff. 3.m.sg.) und *er huldigte* dem Daniel und *er befahl* (sagte), ihm Speiseopfer und Räucherwerk (eig. Plural) *darzubringen.*

[47] (Und) der König *antwortete* dem Daniel und *sprach:* „(Es) ist (eine Sache) von Wahrheit (= Es ist wahr), dass euer Gott der Gott der Götter (eig. indeterminiert) und der Herr von Königen und der Offenbarer von Geheimnissen ist; denn *du konntest* dieses Geheimnis *offenbaren.*"

[48] Daraufhin *machte* der König den Daniel (→ 4.6) *groß.* Und viele großartige Gaben *gab* er ihm; und *er machte* ihn *zum Befehlshaber* über die ganze Provinz Babel und (zum) Obersten (der) Präfekten über alle Weisen Babels.

3.9 Übungssätze

1. רוּמֵהּ אַמִּין שִׁתִּין פְּתָיֵהּ אַמִּין[11] שִׁת

2. מַלְכוּתֵהּ מַלְכוּת עָלַם וְשָׁלְטָנֵהּ עִם־דָּר וְדָר׃

3. אִיתַי אֱלָהּ בִּשְׁמַיָּא

4. אִיתַי גְּבַר בְּמַלְכוּתָךְ דִּי רוּחַ אֱלָהִין קַדִּישִׁין בֵּהּ

5. אֲנַחְנָא הִמּוֹ עַבְדוֹהִי דִי־אֱלָהּ שְׁמַיָּא וְאַרְעָא

6. וּדְנָה כְתָבָא דִּי רְשִׁים[12] 7. דִּי־הוּא אֱלָהָא חַיָּא

8. שָׁלְטָנֵהּ שָׁלְטָן עָלַם

9. לָא־אִיתַי אֱנָשׁ עַל־יַבֶּשְׁתָּא 10. אֱלָהֲכוֹן הוּא אֱלָהּ וּמָרֵא מַלְכִין

11. לָא בְחָכְמָה דִּי־אִיתַי בִּי 12. מָה דִּי לֶהֱוֵא[13] אַחֲרֵי דְנָה

13. רֵאשֵׁהּ דִּי־דְהַב טָב חֲדוֹהִי וּדְרָעוֹהִי דִּי כְסַף מְעוֹהִי וְיַרְכָתֵהּ דִּי נְחָשׁ׃

14. וְיַצִּיב חֶלְמָא וּמְהֵימַן[14] פִּשְׁרֵהּ׃

15. עָפְיֵהּ שַׁפִּיר וְאִנְבֵּהּ שַׂגִּיא וּמָזוֹן לְכֹלָּא־בֵהּ

[11] Substantiv mit fem. Genus.

[12] *Er/Es ist geschrieben.*

[13] *Er/Es wird sein.*

[14] *Zuverlässig* (Wurzel אמן, Haf. Part. pass.).

LEKTION 4

Verb — Kategorien des Grundstamms

4.1 Die Kategorien

Das Biblisch-Aramäische besitzt im Prinzip die gleichen Kategorien des Verbalsystems wie das Hebräische, nämlich die finiten Verbalformen *Perfekt* (= Afformativkonjugation bzw. Suffixkonjugation), *Imperfekt* (= Präformativ- bzw. Präfixkonjugation) und *Imperativ* einerseits und die nominalen Formen *Partizip* (aktiv und passiv) und *Infinitiv* andererseits.

Das aktive Partizip (im Grundstamm כָּתֵב) übernimmt jedoch stärker als im Hebräischen verbale Funktion und dient vor allem zur Darstellung der Gegenwart (vgl. modern-hebräisch אֲנִי כּוֹתֵב *ich schreibe*). Für vergangene Sachverhalte tritt das Perfekt ein, für zukünftige und modale Sachverhalte (*sollen, wollen, können* u.a.) das Imperfekt (es findet sich viel häufiger in Neben- als in Hauptsätzen).

In dieser Lektion werden die Kategorien des Grundstamms, genannt „Peˁal“ (entspricht dem hebräischem Qal), in der Lektion 5 die der abgeleiteten Verbalstämme vorgestellt.

4.2 Perfekt und Imperfekt *(siehe auch Paradigmensammlung, Nr. 6)*

4.2.1 Paradigma

Wie im Hebräischen hat das Perfekt (Perf.) meist *a* als Themavokal (= Vokal der zweiten Silbe), das Imperfekt (Impf.) meist *u* (entspricht hebräischem *o*). Das Paradigma für Perf. und Impf. vom Verb כְּתַב *schreiben* lautet wie folgt:

		aramäisch	*vgl. hebräisch*
Perf. sg.	*3.m.*	כְּתַב	כָּתַב
	3.f.	כִּתְבַת	כָּתְבָה
	2.m.	כְּתַבְתְּ / כְּתַ֫בְתָּ	כָּתַבְתָּ
	1.	כִּתְבֵת	כָּתַבְתִּי
pl.	*3.m.*	כְּתַ֫בוּ	כָּתְבוּ
	3.f.	כְּתַ֫בָה	כָּתְבוּ
	2.m.	כְּתַבְתּוּן	כְּתַבְתֶּם
	1.	כְּתַ֫בְנָא	כָּתַבְנוּ
Impf. sg.	*3.m.*	יִכְתֻּב	יִכְתֹּב
	3.f.	תִּכְתֻּב	תִּכְתֹּב
	2.m.	תִּכְתֻּב	תִּכְתֹּב
	1.	אֶכְתֻּב / אִכְתֻּב	אֶכְתֹּב
pl.	*3.m.*	יִכְתְּבוּן	יִכְתְּבוּ
		(Kurzform) יִכְתְּ֫בוּ	
	3.f.	יִכְתְּבָן	תִּכְתֹּבְנָה
	2.m.	תִּכְתְּבוּן	תִּכְתְּבוּ
	2.f.	תִּכְתְּבָן*	תִּכְתֹּבְנָה
	1.	נִכְתֻּב	נִכְתֹּב

4.2.2 Aramäisch vs. Hebräisch

Die Perf.-Endungen weichen deutlich von denen des Hebräischen ab:

Eine spezifische Form für das Perf. 3.f.pl. ist nur in der *Qere*-Überlieferung bezeugt; im *Ketib* wird die maskuline Form (כְּתַ֫בוּ) auch für das Femininum verwendet.

Zu beachten ist ferner, dass vokalische Endungen im Perf. und allgemein im Verbalparadigma — anders als im Hebräischen — unbetont sind. Der Wortakzent liegt in diesen Fällen auf der vorletzten Silbe, z.B. כְּתַ֫בוּ (gegenüber hebräisch כָּתְב֫וּ).

Die Form des Perf. 3.f.sg. ist teilweise segoliert überliefert, z.B. אֲמֶרֶת (< *ˀamart) *sie sagte*.

Man beachte beim Impf.-Paradigma vor allem die Formen mit auslautendem *-n* im Plural (außer 1. Person): יִכְתְּבוּן, יִכְתְּבָן, תִּכְתְּבוּן und *תִּכְתְּבָן. Sie entsprechen hebräischen Impf.-Formen mit sogenanntem *Nun paragogicum* (*n*-Erweiterung). Daneben gibt es auch einige **Kurzformen** ohne *n*-Erweiterung, alle mit jussivischer Funktion (*er soll* *tun*), z.B. יֵאבַ֫דוּ *sie sollen zugrunde gehen* (Jer 10 11). Ursprünglich hatten im Aramäischen allgemein Jussive (als Kurzformen der Präfixkonjugation) keine entsprechende Erweiterung.

4.2.3 Abweichende Themavokale

Perfekte und Imperfekte einiger Verben haben andere Themavokale:

Es gibt Perfekte mit *i* bzw. *e* als Themavokal (*i* und *e* sind hier wie auch sonst masoretische Varianten ohne Bedeutungsunterschied): שְׁלִם *er ist fertig*, שְׁלֵט *er herrschte*, שְׁאֵל *er fragte*.

Und es gibt Imperfekte mit Themavokal *a* oder *i/e*, z.B. יִלְבַּשׁ *er wird/soll sich bekleiden*, יִשְׁלַט *er wird/soll herrschen*; יִנְתֵּן *er wird/soll geben*, יִפֵּל *er wird/soll fallen* (Wurzel נְפַל).

Gewöhnlich haben transitive Verben ein *a*-Perfekt und ein *u*-Imperfekt, intransitive Verben wiederum ein *i/e*-Perfekt und ein *a*-Imperfekt (z.B. כְּתַב : יִכְתֻּב *schreiben* gegenüber לְבֵשׁ : יִלְבַּשׁ *bekleidet sein*). Daneben gibt es auch Verben mit der Opposition *a* vs. *i/e* (z.B. נְפַל : יִפֵּל *fallen*) oder *i/e* vs. *u* (z. B. סְגִד : יִסְגֻּד *sich niederwerfen*).

4.2.4 Kein „Narrativ"

Das Aramäische besitzt keine וַיִּקְטֹל-Erzählform (Narrativ). Für vergangene Sachverhalte wird an sich das Perfekt (mit oder oder *Waw copulativum*) eingesetzt. Für die gezielt imperfektive Darstellung der Vergangenheit wird jedoch das Imperfekt benutzt. Beispiele:

וּמִן־אֲנָשָׁא טְרִיד וְעִשְׂבָּא כְתוֹרִין יֵאכֻל	*Und er wurde von den Menschen verstoßen* (Peˁil Perf.) *und pflegte wie Stiere Gras zu essen* (Peˁal Impf.) (Dan 4 30)
וַאֲמַר־לִי וּפְשַׁר מִלַּיָּא יְהוֹדְעִנַּנִי	*Und er sprach zu mir und tat mir (dabei) die Deutung der Worte/Dinge kund* (Dan 7 16)

4.3 Imperativ

Formen des Imperativs (Imp.) gleichen entsprechenden Formen des Imperfekts der 2. Person außer Präfix und *Nun paragogicum:*

		aramäisch	*vgl. hebräisch*
Imp. sg.	*m.*	כְּתֻב	כְּתֹב
	f.	כְּתֻ֫בִי	כִּתְבִי
pl.	*m.*	כְּתֻ֫בוּ	כִּתְבוּ

Eine Form f.pl. ist nicht belegt. Sie ist als כְּתֻ֫בָה zu rekonstruieren.

4.4 Partizip

Das aktive Partizip (Part. akt.) hat die Grundform כָּתֵב (mit Variante כָּתִב) und entspricht damit genau hebräischem כֹּתֵב (< **kātib*). Ist der dritte Radikal (d.h. Wurzelkonsonant) ח, ע oder ר, wird das *ē* zu *a* abgelautet, z.B. אָמַר *sprechend.*

Das passive Partizip (Part. pass.) hat die Grundform כְּתִיב < **katīb* (gegenüber hebräisch כָּתוּב < **katūb*).

Das Partizip wird nominal flektiert. In den Texten begegnen überwiegend Formen des *Status absolutus* (in prädikativer Form).

		aktiv	passiv
Part. sg.	*m.*	כָּתֵב	כְּתִיב
	f.	כָּתְבָה[15]	כְּתִיבָה
pl.	*m.*	כָּתְבִין	כְּתִיבִין
	f.	כָּתְבָן	כְּתִיבָן

Das aktive Part. dient primär zur Darstellung gegenwärtiger Sachverhalte. Im Kontext der Vergangenheit hat es ähnliche Funktionen wie englisch *was* + progressive form, z.B. *he was doing* (vgl. אָכְלָה in Dan 7 7 oder Übungssatz 15). Teilweise wird dabei das Part. mit dem Perfekt von הֲוָה *sein* kombiniert, z.B. אָתֵה הֲוָה *er war dabei zu kommen* (Dan 7 13).

Das Partizip im maskulinen Plural dient für unpersönliche Ausdrücke, z.B. וְלָךְ טָרְדִין *und man wird dich verstoßen* (Dan 4 22) und לְכוֹן אָמְרִין *euch befehlen sie = euch befiehlt man = euch ist (hiermit) befohlen* (Dan 3 4; ähnl. 4 28).

4.5 Infinitiv

Der Infinitiv (Inf.) des Grundstamms wird anders gebildet als im Hebräischen und lautet מִכְתַּב (eine Differenzierung zwischen Inf. cs. und Inf. abs. gibt es nicht).

4.6 Lamed als Nota accusativi

Das direkte Objekt eines Verbs wird entweder nicht markiert oder, wenn es bestimmt ist, in der Regel durch die Präposition לְ eingeführt, die damit (neben der Dativ-Markierung) auch die Funktion der hebräischen *Nota accusativi* אֵת übernimmt.

[15] Lies *kāṯᵉbā* (etc.) mit *Schwa mobile*!

Beispiele:

עֲנֵה[17] וְאָמַר לְמֵזֵא[16] לְאַתּוּנָא	*Er antwortete und befahl, den Ofen zu heizen* (Dan 3 19)
לְחַכִּימֵי בָבֶל אַל־תְּהוֹבֵד[18]	*Die Weisen Babels vernichte nicht!* (Dan 2 24)

Häufig wird das Objekt durch Objektsuffixe am Verb zum Ausdruck gebracht (→ 6.3).

4.7 Wortstellung

Die Wortstellung ist im Aramäischen viel freier als im Hebräischen. Das Verb steht oft am Ende des Satzes. Beispiele:

מַלְכָּא חֶלְמָא יֵאמַר	*Der König möge den Traum erzählen* (Dan 2 7 : Subjekt - Objekt - Verb)
לְחַכִּימֵי בָבֶל אַל־תְּהוֹבֵד	*Die Weisen Babels vernichte nicht!* (Dan 2 24 : mit betontem Akkusativobjekt am Satzbeginn [→ 4.6])

Ist das Subjekt genannt, steht es meist vor dem Verb, z.B. אֱלָהִי שְׁלַח מַלְאֲכֵהּ *mein Gott schickte seinen Engel* (Dan 6 23), seltener nach dem Verb, z.B. וַאֲמַר מַלְכָּא *und der König sprach* (Dan 6 25).

Ganz häufig findet sich die Abfolge Adverb - Subjekt - Verb (- Objekt), z.B.:

בֵּאדַיִן דָּרְיָוֶשׁ מַלְכָּא כְּתַב לְכָל־עַמְמַיָּא	*Sodann schrieb der König Darius allen Völkern* (Dan 6 26)
בֵּאדַיִן מַלְכָּא אֲמַר	*Sodann sprach der König* (Dan 6 17)

In Nebensätzen (z.B. in Relativsätzen, die mit דִּי eingeleitet sind) steht das Verb häufiger vor dem Subjekt als in Haupsätzen.

---

[16] Verb אזה, Inf. mit לְ.

[17] *Qere*; das *Ketib* meint — hier und auch sonst allgmein in dieser Wendung — wahrscheinlich עֲנָה (d.h. Perf. 3.m.sg.).

[18] Verb אבד, Haf.

4.8 Übungssätze

1. אֱדַיִן דָּנִיֵּאל לְבַיְתֵהּ אֲזַל 2. אֱדַיִן גֻּבְרַיָּא אִלֵּךְ אָמְרִין

3. בֵּאדַיִן מַלְכָּא נְבוּכַדְנֶצַּר נְפַל עַל־אַנְפּוֹהִי וּלְדָנִיֵּאל סְגִד

4. וְאַרְבַּע חֵיוָן רַבְרְבָן סָלְקָן מִן־יַמָּא

5. בֵּאדַיִן קְרֵב נְבוּכַדְנֶצַּר לִתְרַע אַתּוּן נוּרָא[19] יָקִדְתָּא

6. בֵּאדַיִן דָּרְיָוֶשׁ מַלְכָּא כְּתַב לְכָל־עַמְמַיָּא[20] אֻמַיָּא וְלִשָּׁנַיָּא

7. בְּעִדָּנָא דִּי־תִשְׁמְעוּן קָל קַרְנָא תִּפְּלוּן[21] וְתִסְגְּדוּן לְצֶלֶם דַּהֲבָא

8. כָּל־קֳבֵל דְּנָה[22] מַלְכָּא דָּרְיָוֶשׁ רְשַׁם כְּתָבָא וֶאֱסָרָא׃

9. וּבְעַנְפּוֹהִי יִשְׁכְּנָן צִפֲּרֵי שְׁמַיָּא׃

10. אַנְתְּ־הוּא מַלְכָּא דִּי רְבַית[23] וּתְקֵפְתְּ

11. בְּרַם עִקַּר שָׁרְשׁוֹהִי בְּאַרְעָא שְׁבֻקוּ

12. כָּל־קֳבֵל דְּנָה מַלְכָּא בְּנַס וּקְצַף שַׂגִּיא

13. בֵּאדַיִן בְּטֵלַת[24] עֲבִידַת בֵּית־אֱלָהָא דִּי בִּירוּשְׁלֶם

---

[19] Doppelte Konstruktus-Verbindung.

[20] Unregelmäßiger Pl. von עַם *Volk* (→ 2.5).

[21] *Ihr sollt niederfallen* (נפל).

[22] Wörtlich etwa *»angesichts dieser Sachlage«*; כָּל־קֳבֵל ist zusammengesetzt aus כְּ + לְ + קֳבֵל und nicht etwa aus כָּל und קֳבֵל.

[23] *Du bist groß geworden* (רבה). Das Ketib steht wohl entweder für רְבַיְתָ oder רְבַיְתְּ.

[24] *Sie kam zum Erliegen / hörte auf.*

14. בַּהּ־שַׁעֲתָה֙[26] נְפַ֙קוּ֙[25] אֶצְבְּעָן֙ דִּ֣י יַד־אֱנָ֔שׁ וְכָתְבָן֙ לָקֳבֵ֣ל נֶבְרַשְׁתָּ֔א עַל־גִּירָ֕א

דִּֽי־כְתַ֥ל[27] הֵיכְלָ֖א דִּ֣י מַלְכָּ֑א

15. וַאֲר֞וּ חֵיוָ֣ה רְבִיעָיָ֡ה דְּחִילָ֨ה וְאֵימְתָנִ֜י[30] וְתַקִּיפָ֣א יַתִּ֗ירָא[29] וְשִׁנַּ֨יִן[28]

דִּֽי־פַרְזֶ֥ל לַהּ֙ רַבְרְבָ֔ן אָֽכְלָה֙[32] וּמַדֱּקָ֔ה[31] וּשְׁאָרָ֖א בְּרַגְלַ֣יהּ רָפְסָ֑ה

[25] Qere: נְפַקָה

[26] *Genau zu jener Stunde* (→ 3.2).

[27] St. cs.: ... *der Wand (des Palastes).*

[28] *Zähne.* Eigentlich Dual: *Zwei Zahnreihen.*

[29] תַקִּיפָ֣א יַתִּ֗ירָא steht für תַקִּיפָה יַתִּירָה (jeweils fem. St. abs., vgl. → 2.1).

[30] St. abs. eines fem. Nomens auf -$\bar{\imath}\underline{t}$ (→ 2.3).

[31] דקק Part. Afʿel (f. sg.): *zermalmend.*

[32] Aktives Part. im Kontext der Vergangenheit (→ 4.4).

LEKTION 5

Verbalstämme

5.1 Verbalstämme (sprachvergleichend)

Frühe nordwestsemitische Sprachen kennen ein System von zehn Verbalstämmen: Vier Hauptstämme, nämlich G = Grundstamm, D = Doppelungs- oder Intensivstamm, K = Kausativstamm und N = N-Stamm (Ni/*afʿal*), und zu dreien dieser Hauptstämme jeweils eine passive Stammesvariante (Gp, Dp, Kp) und eine "reflexive" Stammesvariante (gebildet mit *t*-Präfix oder -Infix):

G	Gp	Gt
D	Dp	tD
K	Kp	Kt
N		

Die Kausativstamm-Bildung geschieht durch unterschiedliche Morpheme: Die ältesten Sprachen haben ein š-Morphem (Šafʿel), jüngere Sprachen haben *h* (Hafʿel / Hifʿil), noch jüngere haben ʾ bzw. gar kein konsonantisches Morphem (Afʿel).

Im Hebräischen sind von diesen Stämmen nur sieben produktiv:

Qal		
Piʿʿel	Puʿʿal	Hitpaʿʿel
Hifʿil	Hofʿal	-
Nifʿal		

Im Biblisch-Aramäischen sind demgegenüber acht Stämme, und teilweise andere als im Hebräischen, produktiv. Die Namen der Stämme verraten Vokalisation und Bildungsweise der betreffenden Stammesformen. Achten Sie auf die fett gedruckten Vokale, die wichtige Vokal-Unterschiede zum Hebräischen markieren!

P^{eʕ}al	P^{eʕ}il	Hitp^{eʕ}el
Pa^{ʕʕ}el	(Pu^{ʕʕ}al)	Hitpa^{ʕʕ}al
Hafʕel	Hu/ofʕal	(Hittafʕal)
-		

Besonders augenfällig ist das Fehlen des N-Stamms (Nifʕal), was aber durch das passive P^{eʕ}il und das reflexiv-passive Hitp^{eʕ}el kompensiert wird. Ferner fehlt scheinbar eine Reflexivvariante zum Kausativstamm Hafʕel. Sie ist als Hittafʕal (aus Hit-hafʕal) zu rekonstruieren und lässt sich wahrscheinlich bereits im Reichsaramäischen nachweisen. Das Fehlen im Biblisch-Aramäischen könnte auf Zufall beruhen (vgl. hierzu die unregelmäßige Hitp^{eʕ}el-Bildung der Verben *mediae infirmae* → 7.2).

Anstatt P^{eʕ}al, P^{eʕ}il und Hitp^{eʕ}el sind auch die vereinfachten Bezeichnungen Pe$^{(ʕ)}$al, Pe$^{(ʕ)}$il und Hitpe$^{(ʕ)}$el gebräuchlich. Verbreitete Abkürzungen der Stämme sind: Pe., Pi.[33], Hitpe., Pa., Pu., Hitpa., Haf. und Huf.

Von den genannten Passivstämmen sind nur Peʕil und Hu/ofʕal (hinfort einfach Hufʕal) mehrfach und sicher belegt, jedoch ausschließlich als Perfekt-Formen[34]. Für das Pu^{ʕʕ}al kommen nur zwei unsichere Perfekt-Belege in Betracht.[35]

Wirklich produktiv und gut einzuprägen sind demnach überhaupt nur fünf Stämme:

- ∞ P^{eʕ}al und Hitp^{eʕ}el — Grundnuance der Verbalwurzel und Reflexiv bzw. Passiv
- ∞ Pa^{ʕʕ}el und Hitpa^{ʕʕ}al — Intensiv- oder Faktitivnuance und Reflexiv bzw. Passiv
- ∞ Hafʕel — Kausativnuance

---

[33] Dafür auch: Pe. pass., d.h. passives P^{eʕ}al.

[34] Es gibt einen möglichen Beleg eines Imperfekt Hufʕal, nämlich יְהוּבְדוּן *damit sie (nicht) umgebracht werden* (Dan 2 18). Die Form wird aber gewöhnlich als Imperfekt Hafʕel verstanden.

[35] Schreibung כפתו (= *kuppátū* ?) *sie wurden gefesselt* (Dan 3 21) und Schreibung שׁוי (= *šuwwī* ?) *er wurde gleich gemacht* (Dan 5 21); beide Formen sind gemäß Qere anders zu analysieren.

5.2 Verbalparadigma

Das aramäische Verbalparadigma zeichnet sich dadurch aus, dass Perfekt, Imperfekt, Imperativ und (aktives) Partizip in den abgeleiteten Stämmen einheitliche und damit leicht zu merkende Vokalmuster aufweisen, wie sie schon in den Namen der Stämme zum Ausdruck kommen, z.B. das כַּתֵּב-Muster im Pa^{ʿʿ}el-Stamm: כַּתֵּב, יְכַתֵּב, כַּתֵּב, מְכַתֵּב. Prägen Sie sich zuerst die "Eckformen" (Perfekt / Imperfekt 3.m.sg., Imp. / Part. m.sg.) der Stämme P^{eʿ}al, Pa^{ʿʿ}el und Haf^{ʿ}el ein, danach die von Hitp^{eʿ}el und Hitpa^{ʿʿ}al. Lernen Sie die Infinitive der abgeleiteten Stämme am besten als Block zusammen.

Bemerkungen zum Paradigma:

- Das passive Part. P^{eʿ}al כְּתִיב kann auch als Part. des P^{eʿ}il-Stamms betrachtet werden. Es wird gleich gebildet wie das Perf. P^{eʿ}il.
- Formen mit *e* wechseln allgemein mit Formen mit *i*, z.B. Pa^{ʿʿ}el כַּתֵּב / כַּתִּב, יְכַתֵּב / יְכַתִּב, Haf^{ʿ}el יְהַכְתֵּב / יְהַכְתִּב, Hitpe. הִתְכְּתִב / הִתְכְּתֵב.
- Perf. Haf^{ʿ}el 3.f.sg.: הַכְתֶּ֫בֶת < **haktibt*; הַכְתִּבַת < **haktibat*.
- Die Infinitive der abgeleiteten Stämme mit Femininendung *–āh* weisen im St.cs. eine Endung *-at* (z.B. Pa^{ʿʿ}el כַּתָּבַת) und vor Suffixen eine Endung *–ūt* auf (z.B. Pa^{ʿʿ}el כַּתָּבוּתֵהּ [→ 6.3.5]).

		P^{eʕ}al	P^{eʕ}il	Hitp^{eʕ}el
Perf. sg.	*3.m.*	כְּתַב	כְּתִיב	הִתְכְּתֵב / הִתְכְּתִב
	3.f.	כִּתְבַת	כְּתִיבַת	הִתְכַּתְבַת/ ־כְּתֶ֫בֶת } אִתְכְּתֶ֫בֶת → 5.4
	2.m.	כְּתַבְתְּ / כְּתַ֫בְתָּ	כְּתִ֫יבְתָּ	הִתְכְּתֵבְתְּ
	1.	כִּתְבֵת	כְּתִיבֵת	הִתְכַּתְבֵת
pl.	*3.m.*	כְּתַ֫בוּ	כְּתִ֫יבוּ	הִתְכְּתִ֫בוּ
	3.f.	כְּתַ֫בָה	כְּתִ֫יבָה	הִתְכְּתִ֫בָה
	2.m.	כְּתַבְתּוּן	כְּתִיבְתּוּן	הִתְכְּתֵבְתּוּן
	1.	כְּתַ֫בְנָא	כְּתִ֫יבְנָא	הִתְכְּתֵ֫בְנָא
Impf. sg.	*3.m.*	יִכְתֻּב		יִתְכְּתֵב
	3.f.	תִּכְתֻּב		תִּתְכְּתֵב
	2.m.	תִּכְתֻּב		תִּתְכְּתֵב
	1.	אֶכְתֻּב / אִכְתֻּב		אֶתְכְּתֵב
pl.	*3.m.*	יִכְתְּבוּן		יִתְכַּתְּבוּן
	3.f.	יִכְתְּבָן		יִתְכַּתְּבָן
	2.m.	תִּכְתְּבוּן		תִּתְכַּתְּבוּן
	1.	נִכְתֻּב		נִתְכְּתֵב
Imp. sg.	*m.*	כְּתֻב		
	f.	כְּתֻ֫בִי		
pl.	*m.*	כְּתֻ֫בוּ		
		Aktiv	*Passiv*	
Part. sg.	*m.*	כָּתֵב	כְּתִיב	מִתְכְּתֵב
	f.	כָּתְבָה	כְּתִיבָה	מִתְכַּתְּבָה
pl.	*m.*	כָּתְבִין	כְּתִיבִין	מִתְכַּתְּבִין
	f.	כָּתְבָן	כְּתִיבָן	מִתְכַּתְּבָן
Inf.		מִכְתַּב		הִתְכְּתָבָה

Paˁˁel	Puˁˁal	Hitpaˁˁal	Hafˁel[1]	Hufˁal
כַּתֵּב כַּתִּב	כֻּתַּב*	הִתְכַּתַּב אִתְ-	הַכְתֵּב ־תִּב אַכְתֵּב[1]	הֻכְתַּב
כַּתְּבַת		הִתְכַּתְּבַת	הַכְתְּבַת ־תֶּ֫בֶת	הֻכְתְּבַת
כַּתֵּבְתְּ		הִתְכַּתַּבְתְּ	הַכְתֵּבְתְּ	הֻכְתַּ֫בְתְּ
כַּתְּבֵת		הִתְכַּתְּבֵת	הַכְתְּבֵת ־תֶּ֫בֶת	הֻכְתְּבֵת
כַּתִּ֫בוּ	כֻּתַּ֫בוּ*	הִתְכַּתַּ֫בוּ	הַכְתִּ֫בוּ	הֻכְתַּ֫בוּ
כַּתִּ֫בָה		הִתְכַּתַּ֫בָה	הַכְתִּ֫בָה	הֻכְתַּ֫בָה
כַּתֵּבְתּוּן		הִתְכַּתַּבְתּוּן	הַכְתֵּבְתּוּן	הֻכְתַּבְתּוּן
כַּתֵּ֫בְנָא		הִתְכַּתַּ֫בְנָא	הַכְתֵּ֫בְנָא	הֻכְתַּ֫בְנָא
יְכַתֵּב ־תִּב		יִתְכַּתַּב	יְהַכְתֵּב ־תִּב יַכְתֵּב ־תִּב[1]	
תְּכַתֵּב		תִּתְכַּתַּב	תְּהַכְתֵּב	
תְּכַתֵּב		תִּתְכַּתַּב	תְּהַכְתֵּב	
אֲכַתֵּב		אֶתְכַּתַּב	אֲהַכְתֵּב	
יְכַתְּבוּן		יִתְכַּתְּבוּן	יְהַכְתְּבוּן	
יְכַתְּבָן		יִתְכַּתְּבָן	יְהַכְתְּבָן	
תְּכַתְּבוּן		תִּתְכַּתְּבוּן	תְּהַכְתְּבוּן	
נְכַתֵּב		נִתְכַּתַּב	נְהַכְתֵּב	
כַּתֵּב			הַכְתֵּב אַכְתִּב[1] אַכְתֵּב[1]	
כַּתִּ֫בִי			הַכְתִּ֫בִי	
כַּתִּ֫בוּ			הַכְתִּ֫בוּ	
Aktiv	*Passiv*		*Aktiv*	*Passiv*
מְכַתֵּב	מְכַתַּב	מִתְכַּתַּב	מְהַכְתֵּב מַכְתֵּב ,־תִּב	מְהַכְתַּב
מְכַתְּבָה	מְכַתְּבָה	מִתְכַּתְּבָה	מְהַכְתְּבָה	מְהַכְתְּבָה
מְכַתְּבִין	מְכַתְּבִין	מִתְכַּתְּבִין	מְהַכְתְּבִין	מְהַכְתְּבִין
מְכַתְּבָן	מְכַתְּבָן	מִתְכַּתְּבָן	מְהַכְתְּבָן	מְהַכְתְּבָן
כַּתָּבָה		הִתְכַּתָּבָה	הַכְתָּבָה אַכְתָּבָא	

[1] Neben dem Hafˁel existiert auch eine Afˁel-Bildung (→ 6.1).

5.3 Lautveränderungen im Hitpe. und Hitpa.

Bei Formen von Verben mit einem Zischlaut als erstem Radikal kommt es in den Stämmen Hitpeˁel und Hitpaˁˁal zu Metathesen (Konsonantenumstellungen) und teilweise zu Assimilationserscheinungen, wie sie auch vom hebräischen Hitpaˁˁel-Stamm bekannt sind.

Beispiele für Metathesen (bei Verben I-שׂ, I-שׁ und I-צ): תִּשְׁתְּבִק (שבק) *sie wird überlassen werden* (Dan 2 44); הִשְׁתְּכַח (שׁכח Hitpe. mit *a* in der Schlusssilbe wegen folgendem ח) *er / es wurde gefunden* (Esr 6 2); יִשְׁתַּנֵּא (שׁנה Hitpa.) *er ändert sich* (Dan 2 9 u.ö.); מִשְׂתַּכַּל (שׂכל Hitpa.) *betrachtend* (Dan 7 8).

Beispiele für Metathese und Teilassimilation (bei Verben I-ז und I-צ): Qere הִזְדַּמִּנְתּוּן oder הִזְדְּמִנְתּוּן (זמן) (Ketib jedoch הִזְמִנְתּוּן) *ihr habt euch verabredet* (Dan 2 9); יִצְטַבַּע (צבע) *er pflegte benetzt zu werden* (Dan 4 12.20 u.ö.).

5.4 Präfixsilbe im Hitpe. und Hitpa.

Formen des Perf. und Inf. der Stämme Hitpeˁel und Hitpaˁˁal weisen sporadisch das Präfix אִתְ־, seltener אֶתְ־ anstelle von הִתְ־ auf, ohne dass damit ein Bedeutungsunterschied verknüpft wäre, z.B. אִתְגְּזֶרֶת *(ein Stein) brach los* (Dan 2 45) neben הִתְגְּזֶרֶת (Dan 2 34).

5.5 Übungssätze

1. בֵּאדַיִן מִן־קֳדָמוֹהִי שְׁלִיחַ פַּסָּא דִי־יְדָא וּכְתָבָא דְנָה רְשִׁים׃

2. מַתְּנָן וּנְבִזְבָּה וִיקָר שַׂגִּיא תְּקַבְּלוּן מִן־קֳדָמָי

3. קַטִּל הִמּוֹן שְׁבִיבָא דִּי נוּרָא׃

4. וּלְגֻבְרִין גִּבָּרֵי־חַיִל דִּי בְחַיְלֵהּ אֲמַר לְכַפָּתָה לְשַׁדְרַךְ מֵישַׁךְ וַעֲבֵד נְגוֹ לְמִרְמֵא[36] לְאַתּוּן נוּרָא יָקִדְתָּא׃

[36] Wurzel רמה: *um (sie) zu werfen.*

5. לָהֵ֗ן מִן־דִּ֨י הַרְגִּ֤זוּ אֲבָהֳתַ֙נָא֙[37] לֶאֱלָ֣הּ שְׁמַיָּ֔א יְהַ֣ב הִמּ֔וֹ בְּיַ֥ד נְבוּכַדְנֶצַּ֛ר
מֶ֥לֶךְ־בָּבֶ֖ל

6. וְאַנְתְּה֙[39] בְּרֵהּ֙ בֵּלְשַׁאצַּ֔ר לָ֥א הַשְׁפֵּ֖לְתְּ לִבְבָ֑ךְ כָּל־קֳבֵ֕ל דִּ֥י[38] כָל־דְּנָ֖ה יְדַֽעְתְּ׃

7. בֵּאדַ֣יִן אֲמַ֣ר בֵּלְשַׁאצַּ֗ר וְהַלְבִּ֤שׁוּ לְדָנִיֵּאל֙ אַרְגְּוָנָ֔א

8. וְאׇחֳרָ֞ן[42] יְק֣וּם[41] אַחֲרֵיהֹ֗ן וְה֤וּא יִשְׁנֵא֙ מִן־קַדְמָיֵ֔א[40] וּתְלָתָ֥ה מַלְכִ֖ין יְהַשְׁפִּֽל׃

9. וּמָֽאנַיָּא֙ דִּֽי־מִתְיַהֲבִ֣ין לָ֔ךְ לְפׇלְחָ֖ן בֵּ֣ית אֱלָהָ֑ךְ הַשְׁלֵ֕ם קֳדָ֖ם אֱלָ֥הּ יְרוּשְׁלֶֽם׃

10. וּמַ֨לְכוּתָ֔ה לְעַ֥ם אׇחֳרָ֖ן לָ֣א תִשְׁתְּבִ֑ק 11. וּמִנְחָה֙ וְנִיחֹחִ֔ין אֲמַ֖ר לְנַסָּכָ֥ה לֵֽהּ׃

12. וּמִן־אֲנָשָׁ֣א טָרִ֗יד וְעִשְׂבָּ֨א כְתוֹרִ֤ין׀ יֵאכֻל֙[44] וּמִטַּ֣ל שְׁמַיָּ֔א גִּשְׁמֵ֖הּ יִצְטַבַּ֑ע[43]

13. וּבְיוֹמֵ֣י אֲב֗וּךְ נַהִיר֨וּ וְשׇׂכְלְתָנ֤וּ וְחׇכְמָה֙ כְּחׇכְמַת־אֱלָהִ֔ין הִשְׁתְּכַ֣חַת בֵּ֑הּ

14. וְהִשְׁתְּכַ֣ח בְּאַחְמְתָ֗א בְּבִֽירְתָא֙ דִּ֚י בְּמָדַ֣י מְדִינְתָּ֔ה מְגִלָּ֖ה

15. נִשְׁתְּוָנָ֗א דִּ֚י שְׁלַחְתּ֣וּן עֲלֶ֔ינָא מְפָרַ֖שׁ קֱרִ֥י קׇדָמָֽי׃

16. דְּנָה֙ פַּרְשֶׁ֣גֶן אִגַּרְתָּ֔א דִּ֚י שְׁלַ֣חוּ עֲל֔וֹהִי עַל־אַרְתַּחְשַׁ֖שְׂתְּא מַלְכָּ֑א

[37] Unregelmäßiger Plural zu אַב (→ 2.5).

[38] Hier etwa: *obwohl.*

[39] Qere וְאַ֫נְתְּ.

[40] *Die Erste(re)n / Früheren* (zur Pluralendung [St. det.] siehe → 2.2).

[41] קום, Impf. Pe.

[42] Lies *ʔoḥ°rān.*

[43] (Ebenso) imperfektive Darstellung der Vergangenheit; zur Form siehe → 5.3.

[44] Impf. für die imperfektive Darstellung der Vergangenheit: *er pflegte zu essen* → 4.2.

LEKTION 6

Andere Kausativbildungen, Objektsuffixe, Verben I-*n und* II-*geminatae*

6.1 Afʿel

Das aramäische Hafʿel unterscheidet sich vom hebräischen Hifʿil neben der Vokalisation dadurch, dass der Kausativmarker ה durchgehend im Paradigma erhalten ist, z.B. Impf. יְהַכְתֵּב gegenüber hebr. יַכְתֵּב (entstanden aus **y^{e}haktib*).

Dieses ה neigt jedoch auch im Aramäischen zum Schwund, und es sind Kausativformen ohne ה bezeugt. Solche Formen werden als Afʿel-Formen bezeichnet (abgekürzt: Af.). Afʿel-Formen sind nichts anderes als (vereinfachte und im Prinzip jüngere) lautliche Varianten zu Hafʿel-Formen. Schwindet ה im Wortinneren, wird eine ganze Silbe elidiert: Impf. Af. יַכְתֵּב < **y^{e}haktib*, Part. Af. מַכְתֵּב < **m^{e}hakteb*. Schwindet ה im Wortanlaut, tritt ein א an seine Stelle: Perf. / Imp. Af. אַכְתֵּב < **hakteb*.

Afʿel-Bildungen sind im Imperfekt und Partizip naturgemäß häufiger als im Perfekt und Imperativ, weil ה im Wortinneren leichter schwindet als im Wortanlaut. Infinitive des Afʿel-Typs (*אַכְתָּבָה) sind nicht belegt. Relativ häufig ist das Afʿel bei Verben *mediae infirmae*. Abgesehen vom Fehlen des Markers ה sind Afʿel-Formen mit entsprechenden Hafʿel-Formen identisch. Die Eckformen des Paradigmas lauten:

Perf.	אַכְתֵּב
Impf.	יַכְתֵּב
Imp.	אַכְתֵּב
Part.	מַכְתֵּב

6.2 Šafʿel und Hištafʿal

Einige Verben bilden den Kausativstamm nicht mit dem Marker ה (oder א), sondern mit שׁ wie in ganz frühen semitischen Sprachen. Man spricht in diesem Zusammenhang von Šafʿel- bzw. Šafʿil-Bildungen (abgekürzt: Šaf.). Šafʿel-Formen sind ältere lautliche Varianten zu Hafʿel-Formen. Die betreffende Bildungsweise ist im Biblisch-Aramäischen nicht (mehr) produktiv, sondern lexikalisiert und auf drei Verben beschränkt:

יזב < *עזב Šaf. *(entrinnen lassen >) erretten*
Perf. שֵׁיזִב (־זִיב), Impf. יְשֵׁיזִב, Part. מְשֵׁיזִב, Inf. -שֵׁיזָבוּת (*mit Suffix*)

יצא Šaf. *(Gebäude) fertig stellen* (?)
Perf. שֵׁיצִא (Esr 6 15)

כלל Šaf. *vollenden*
Perf. שַׁכְלִל, שַׁכְלְלוּ, Inf. שַׁכְלָלָה.

Die einschlägigen Wörterbücher verfahren dabei nicht einheitlich. Formen wie שַׁכְלִל finden sich unter כלל (Šaf.), während die übrigen unter שׁיזב und שׁיצא als vierradikalige Wurzeln geführt werden.

In Esra ist auch eine Reflexivvariante zum Šafʿel-Stamm von כלל bezeugt, ein sogenanntes Hištafʿal, mit passiver Bedeutung: Impf. יִשְׁתַּכְלְלוּן *sie werden vollendet werden* (Esr 4 13.16). Sie entspricht dem hebräischen Hištafʿel (הִשְׁתַּחֲוָה *sich niederwerfen*).

Ein Sonderfall liegt in dem textkritisch umstrittenen Partizip (m.pl.) מְסוֹבְלִין (Esr 6 3) vor. Es kann als sogenannte Safʿel-Kausativbildung einer zugrunde liegenden Wurzel יבל *tragen* mit der mutmaßlichen Bedeutung *(Fundamente) abstützen* verstanden werden und ist wahrscheinlich entlehnt. Die Wörterbücher führen die Form als Poʿel-Bildung von סבל.

6.3 Verben mit Objektsuffixen

Die finiten Verbformen (Perf., Impf., Imp.) und der Infinitiv (nicht aber das Partizip) sind in Verbindung mit Pronominalsuffixen bezeugt. Diese haben bei den finiten Verben immer Objektfunktion, beim Infinitiv fungieren sie teils als Possessivsuffixe (z.B. *mein Schlagen*), teils als Objektsuffixe (z.B. *mich zu schlagen*). Es gibt keine Objektsuffixe der 3. Person Plural. Dafür treten die selbständigen Personalpronomina (אִנּוּן/הִמּוֹ(ן)) und אִנִּין ein.

6.3.1 Perfekt mit Suffixen

Perfektformen in Verbindung mit Suffixen weisen zum Teil eine andere Silbenstruktur auf als Formen ohne Suffix. Das folgende Paradigma für Perfekt Peˁal 3.m.sg., 2.m.sg. und 3.m.pl. mit Suffixen enthält mehrere rekonstruierte, entweder gar nicht belegte oder nur im Zusammenhang mit schwachen Verben oder abgeleiteten Stämmen belegte Formen:

		Perf. *3.m.sg.*	*2.m.sg.*	*3.m.pl.*
	ohne Suff.	כְּתַב	כְּתַבְתְּ / כְּתַבְתָּ	כְּתַבוּ
Suff.	*3.m.sg.*	כַּתְבֵהּ		כַּתְבוּהִי
	3.f.sg.	כַּתְבָהּ	כְּתַבְתָּהּ	כַּתְבוּהּ
	2.m.sg.	כַּתְבָךְ		כַּתְבוּךְ
	1.sg.	כַּתְבַנִי	כְּתַבְתַּנִי	כַּתְבוּנִי
	1.pl.	כַּתְבֶנָא	כְּתַבְתֶּנָא	כַּתְבוּנָא

Anmerkung: Das *Schwa* unter dem 2. Radikal ist ein sogenanntes *Schwa medium* (und ist somit nicht hörbar).

6.3.2 Imperfekt mit Suffixen

Das Imperfekt ist vor Suffixen durch das sogenannte *Nun-energicum*-Morphem -(*V*)*n*(*n*)-[45] erweitert. Im Einzelnen gilt:

- An endungslose Formen tritt -*inn*.
- Bei Formen mit Endung -*Vn* wird das *n* verdoppelt (*Dagesch forte*).
- Bei Formen mit Suffix 2. m. pl. ist das *n* grundsätzlich nicht verdoppelt (z.B. יִכְתְּבִנְכוֹן <**yikt*ᵉ*binn*ᵉ*kon*).

Das Paradigma lautet demnach:

		Impf. *3.m.sg.*	*3.m.pl.*
	ohne Suff.	יִכְתֻּב	יִכְתְּבוּן
Suff.	*3.m.sg.*	יִכְתְּבִנֵּהּ	יִכְתְּבוּנֵּהּ

[45] V = Vokal.

Suff.	*3.f.sg.*	יִכְתְּבִנָּהּ	יִכְתְּבוּנָּהּ
	2.m.sg.	יִכְתְּבִנָּךְ	יִכְתְּבוּנָּךְ
	1.sg.	יִכְתְּבִנַּ֫נִי	יִכְתְּבוּנַּ֫נִי
	2.m.pl.	יִכְתְּבִנְּכוֹן	יִכְתְּבוּנְּכוֹן

6.3.3 Jussiv mit Suffixen

Formen des Jussivs (alte Kurzform der Präfixkonjugation) werden dagegen ohne *Nun energicum* mit Suffixen verknüpft. Belegt sind Paˁˁel-Formen der 3. Person mit Suffix 2.m.pl., nämlich אַל־יְבַהֲלָךְ *es soll dich nicht beunruhigen* (Dan 4 16) und אַל־יְבַהֲלוּךְ *sie sollen dich nicht beunruhigen* (Dan 5 10). Das rekonstruierte Peˁal-Paradigma lautet demnach:

		Juss. 3.m.sg.	*3.m.pl.*
Suff.	*3.m.sg.*	יִכְתְּבֵהּ	יִכְתְּב֫וּהִי
	3.f.sg.	יִכְתְּבָהּ	יִכְתְּבוּהּ
	2.m.sg.	יִכְתְּבָךְ	יִכְתְּבוּךְ

6.3.4 Imperativ mit Suffixen

Auch Formen des Imperativs werden ohne *Nun energicum* mit Suffixen verknüpft. Belegt sind Hafˁel-Formen des Typs הַכְתֵּבְנִי (m.sg. mit Suff. 1.sg., ohne Bindevokal!) und Paˁˁel-Formen des Typs כַּתְּב֫וּהִי (m.pl. mit Suff. 3.m.sg.).

6.3.5 Infinitiv mit Suffixen

Der Infinitiv Peˁal mit Suffix 3.m.sg. lautet erwartungsgemäß מִכְתְּבֵהּ. In allen abgeleiteten Stämmen erhält der Infinitiv vor Suffixen eine andere Form, nämlich eine Endung ־וּת anstelle der Femininendung ־ָה (→ 5.2, Bemerkungen]). Das folgende Paradigma enthält den Infinitiv Hafˁel mit Suffixen:

		Inf.
	ohne Suffix	הַכְתָּבָה
Sf.	*3.m.sg.*	הַכְתָּבוּתֵהּ
	3.f.sg.	הַכְתָּבוּתָהּ

2.m.sg.	הַכְתָּבוּתָךְ
1.sg.	הַכְתָּבוּתַ֫נִי
1.pl.	הַכְתָּבוּתַ֫נָא

6.4 Verben primae Nun (I-*n* = *Pe-Nun*)

Der erste Radikal *n* wird bei direktem Kontakt mit einem folgenden Konsonanten an sich regelmäßig an diesen assimiliert. Der betreffende Konsonant wird so verdoppelt (geminiert). Beispiele:

Impf. Pe.	יִפֵּל *er wird fallen*	< *יִנְפֵּל (נפל)
Inf. Haf.	הַצָּלָה *(um zu) retten*	< *הַנְצָלָה (נצל)
Part. Af.	מַצִּל *rettend*	< *מַנְצִל / מְהַנְצִל (נצל)

Das Bild wird jedoch dadurch gestört, dass das Aramäische Doppelkonsonanzen – und insbesondere verdoppelte T-Laute – hier wie auch sonst gerne wieder auflöst (dissimiliert), und zwar durch נ und einfachen Konsonanten (»Geminatendissimilation«). So ergeben sich Formen wie יִנְתֵּן *er wird geben* (נתן , Impf. Pe.) oder הַנְפֵּק *er holte heraus* (נפק, Perf. Haf.).

Imperative des Peʿal-Stamms werden ohne ersten Radikal gebildet: פֻּ֫קוּ *geht heraus!* (נפק), שֵׂא *nimm!* (נשׂא).

Andere Formen werden regelmäßig gebildet. Als Peʿal-Paradigma (נפל *fallen*) ist demnach einzuprägen:

Perf.	נְפַל
Impf.	יִפֵּל / יִנְפֵּל
Imp.	פֵּל
Part.	נָפֵל
Inf.	מִפַּל / מִנְפַּל

6.5 Verben mediae geminatae (II-*gem.* = *ʿAyin-ʿAyin*)

Charakteristisch für die Flexion dieser Verbalklasse ist, dass im Impf. und Inf. Peʿal sowie in den Formen der Kausativstämme (Hafʿel, Afʿel, Hufʿal) nicht der zweite, sondern der erste Radikal verdoppelt (geminiert) wird. Dieses Spezifikum ist auch aus der hebräischen Grammatik als »aramaisierende Bildung« bekannt (z.B. Impf. 3.m.sg. יִסֹּב neben gewöhnlichem יָסֹב, 3.m.pl. יִסְּבוּ neben יָסֹ֫בּוּ [סבב *umgeben*]). Der verdoppelte erste

Radikal wird im Aramäischen bisweilen jedoch durch Geminatendissimilation zu נ plus Konsonant aufgelöst, z.B. הַנְעֵל neben הַעֵל *führe hinein!* (עלל Perf. Haf.). Entsprechende Formen sind identisch mit solchen der Verbalklasse *primae Nun*.

In präformativlosen Formen wie etwa Perf. oder Imp. Qal (wo der erste Radikal nicht verdoppelt werden kann) wird vor vokalischen Endungen erwartungsgemäß der zweite Radikal geminiert, z.B. Perf. 3.m.pl. דַּקּוּ. Im Wortauslaut kann keine Gemination stehen, z.B. Perf. 3.m.sg. דַּק < **daqq*.

Zur Wurzel שׁמם ist ein Perf. (H)itpolal (als Variante des Hitpaˁˁal) bezeugt: אֶשְׁתּוֹמַם *er war bestürzt* (Dan 4 16). Es handelt sich dabei wohl um einen Hebraismus (vgl. das Hitpolel von hebr. שׁמם mit gleicher Bedeutung).

Prägen Sie sich das folgende Paradigma von דקק *(zu Staub) zermalmen* ein:

		Peˁal	Hafˁel	Hufˁal
Perf. sg.	*3.m.*	דַּק	הַדֵּק / הַנְדֵּק Af. אַדֵּק	הֻדַּק
	3.f.	דַּקַּת (דקקת)[46]	הַדֶּקֶת	
	2.m.	דְּקַקְתָּ		
pl.	*3.m.*	דַּקּוּ		
Impf. sg.	*3.m.*	יֵדֵּק / יִדֹּק	יְהַדֵּק	
	3.f.	תֵּדֵּק / תִּדֹּק		
pl.	*3.m.*	תִּדְּקוּן		
Imp. sg.	*m.*	דֵּק / דֹּק	הַדֵּק / הַנְדֵּק Af. אַדֵּק	
pl.	*m.*	דֵּקּוּ / דֹּקּוּ	הַדִּקּוּ	
Part.			מְהַדֵּק Af. מַדֵּק	
Inf.		מִדַּק	הַדָּקָה / הַנְדָּקָה	

[46] Ketib דקקת = דְּקַקְתְּ.

6.6 Übungssätze

1. וַאֲמַר־לֵהּ אֵלֶּה[48] מָאנַיָּא שֵׂא אֵזֶל־אֲחֵת[47] הִמּוֹ בְּהֵיכְלָא דִּי בִירוּשְׁלֶם

2. קָרֵא בְחַיִל וְכֵן אָמַר

גֹּדּוּ אִילָנָא וְקַצִּצוּ עַנְפוֹהִי אַתַּרוּ[50] עָפְיֵהּ וּבַדַּרוּ[49] אִנְבֵּהּ

3. עָנֵה נְבוּכַדְנֶצַּר וְאָמַר בְּרִיךְ אֱלָהֲהוֹן דִּי־שַׁדְרַךְ מֵישַׁךְ וַעֲבֵד נְגוֹ

דִּי־שְׁלַח מַלְאֲכֵהּ וְשֵׁיזִב לְעַבְדוֹהִי דִּי הִתְרְחִצוּ[51] עֲלוֹהִי 4. מְשֵׁיזִב וּמַצִּל וְעָבֵד

אָתִין וְתִמְהִין בִּשְׁמַיָּא וּבְאַרְעָא דִּי שֵׁיזִיב לְדָנִיֵּאל מִן־יַד אַרְיָוָתָא

5. הֵן[52] קִרְיְתָא דָךְ תִּתְבְּנֵא וְשׁוּרַיָּה יִשְׁתַּכְלְלוּן

6. נְהַר דִּי־נוּר נָגֵד וְנָפֵק מִן־קֳדָמוֹהִי אֶלֶף אַלְפִים יְשַׁמְּשׁוּנֵּהּ

וְרִבּוֹ רִבְּוָן קָדָמוֹהִי יְקוּמוּן דִּינָא יְתִב וְסִפְרִין פְּתִיחוּ׃

7. בְּנֵי־אֲנָשָׁא חֵיוַת בָּרָא וְעוֹף־שְׁמַיָּא יְהַב[53] בִּידָךְ וְהַשְׁלְטָךְ בְּכָלְּהוֹן

8. וְהַשְׁלְטֵהּ עַל כָּל־מְדִינַת בָּבֶל

---

[47] אֱזֶל ist Imp. Pe. m.sg. von אזל; אֲחֵת: korrekte Variante אַחֵת (Verb נחת, Af.).

[48] Ketib אֵלֶּה, Qere אֵל →3.3.

[49] Patach-Vokal (statt ī, ē) zwischen 2. und 3. Radikal wegen ר.

[50] Siehe oben, Anm. 49.

[51] *Sich verlassen.*

[52] *Wenn.*

[53] Subjekt = Gott.

9. וְדָנִיֵּאל עַל וּבְעָה מִן־מַלְכָּא דִּי זְמָן יִנְתֵּן־לֵהּ

10. בֵּלְשַׁאצַּר אֲמַר ׀ בִּטְעֵם חַמְרָא לְהַיְתָיָה[54] לְמָאנֵי דַּהֲבָא וְכַסְפָּא דִּי הַנְפֵּק

נְבוּכַדְנֶצַּר אֲבוּהִי מִן־הֵיכְלָא דִּי בִירוּשְׁלֶם

11. גֹּדּוּ אִילָנָא וְחַבְּלוּהִי בְּרַם עִקַּר שָׁרְשׁוֹהִי בְּאַרְעָא שְׁבֻקוּ

12. מַלְכְּתָא לָקֳבֵל מִלֵּי מַלְכָּא וְרַבְרְבָנוֹהִי לְבֵית מִשְׁתְּיָא עֲלַלַת[55]

13. אֱדַיִן דָּנִיֵּאל דִּי־שְׁמֵהּ בֵּלְטְשַׁאצַּר אֶשְׁתּוֹמַם כְּשָׁעָה חֲדָה וְרַעְיֹנֹהִי יְבַהֲלֻנֵּהּ

[54] אתה, Inf. Haf.

[55] Ketib עללת = עֲלַלַת, Qere עַלַּת.

LEKTION 7

Schwache Verben (I-inf. / II-inf.)

7.1 Verben primae infirmae (I-inf.: I-*w*, I-*y*, I-ˀ)

7.1.1 Besonderheiten

Anders als im Hebräischen bilden Verben mit ursprünglichem Waw als erstem Radikal (*primae Waw* = I-*w*) das Imperfekt Peˁal mit verdoppeltem zweiten Radikal (so יִכֻּל *er kann*, יִדַּע *er weiß*, יִתִּב *er setzt sich* (unterschiedliche Themavokale) gegenüber hebräisch יוּכַל, יֵדַע, יֵשֵׁב). Diese Doppelkonsonanz kann wiederum durch נ plus Konsonant aufgelöst werden (Geminatendissimilation → 6.4), z.B. יִנְדַּע (neben יִדַּע) *er weiß*. Die Formen gleichen damit denen der Verbalklasse *primae Nun* oder *mediae geminatae*. Ein Verb mit ursprünglichem Yod als erstem Radikal (*primae Yod* = I-*y*) bildet dagegen das Imperfekt Peˁal mit gelängtem Präfixvokal: יֵיטַב *er ist gut* (das Perf. dazu wird von טאב gebildet: טְאֵב). Der Imperativ Peˁal der Verben I-*w* wird ohne ersten Radikal gebildet: דַּע *wisse*! (vgl. hebräisch דַּע und שֵׁב *setz dich*!).

Im Hafˁel bilden Verben I-*w* Formen mit *ô* (< **aw*) nach dem Kausativmarker *h*, Verben I-*y* dagegen Formen mit *ê* (< *ay): Perf. הוֹדַע, Impf. יְהוֹדַע (ידע Haf. *kundtun*) gegenüber Perf. הֵיבֵל, Inf. הֵיבָלָה (יבל Haf. *bringen*).

Eine Besonderheit des Aramäischen besteht darin, dass auch Verben *primae Aleph* (I-ˀ) Kausativstamm-Formen nach Art der Verben *primae infirmae* bilden. Einige Verben bilden das Hafˁel gemäß I-*w*, andere gemäß I-*y*, z.B. Perf. הוֹבֵד *er richtete zugrunde* (אבד Haf.) gegenüber Perf. הֵימִן *er vertraute* (אמן Haf.). Dabei geht der charakteristische erste Radikal א in der Orthographie verloren. Dies geschieht auch sonst sporadisch, z.B. in Infinitiven des Peˁal-Stamms wie etwa לְמֵתֵא *um zu kommen* (אתה) oder לְמֵזֵא *um zu heizen* (אזה). Dagegen bleibt א in Imperfektformen Peˁal erhalten, z.B. תֵּאמְרוּן *ihr sollt (fürwahr) sagen* (אמר) oder יֵאבַדוּ *sie sollen zugrunde gehen* (אבד) (jeweils Jer 10 11).

Formen anderer Verbalstämme von Verben I-*w*/*y* sind regelmäßig (»stark«) gebildet: Perf. Peˁil: יְהִיב (*gegeben werden*); Hitpeˁel: הִתְיְהֵב, יִתְיְהֵב (*gegeben werden*).

7.1.2 Paradigma

Das folgende Paradigma fasst die Eckformen von Peʕal und Hafʕel / Hufʕal zusammen:

		Typ I-*w*				Typ I-*y*	
Peʕal	*Perf.*	יְתִב	יְדַע	יְהַב	יְכִל	--[56]	
	Impf.	יִתִּב[57]	יִנְדַּע / יִדַּע	--[58]	יִכֻּל[59]	יֵיטַב	
	Imp.	תִּב	דַּע	הַב			
Hafʕel	*Perf.*	הוֹתֵב	הוֹדַע		הוֹבֵד (I-ʔ)	הֵיטַב	הֵימִן
	Impf.	יְהוֹתֵב	יְהוֹדַע		יְהוֹבֵד	יְהֵיתֵב	יְהֵימִן
	Inf.	הוֹתָבָה			הוֹבָדָה	הֵתָבָה	הֵימָנָה
Hufʕal	*Perf.*	הוּתַב			הוּבַד (I-ʕ)		

[56] Als Perfekt dient טְאֵב (Wurzel II-ʹ).

[57] Vgl. hebr. יֵשֵׁב.

[58] Als Imperfekt dient יִנְתִּן (נתן).

[59] Daneben ist auch die Form יוּכַל bezeugt (ein Hebraismus).

7.2 Verben mediae infirmae (II-*inf.*: II-*w*, II-*y*)

7.2.1 Besonderheiten

Das Paradigma der Verben mit *Waw* (II-*w*, Paradigmenverb קוּם *aufstehen*) und *Yod* als zweitem Radikal (II-*y*, Paradigmenverb שִׂים *setzen, legen*) ist weitgehend mit dem des Hebräischen (der *ˁAyin-Waw/Yod*-Verben bzw. „hohlen Wurzeln“) vergleichbar. Die wichtigsten Besonderheiten sind:

- ∞ Eine formale Unterscheidung der Klassen II-*w* und II-*y* gibt es nur im Peˁal-Stamm.
- ∞ Das Aramäische hat keine Vortonvokale; deshalb lautet etwa das Impf. Peˁal יְקוּם (gegenüber hebr. יָקוּם), das Perf. Hafˁel הֲקִים (gegenüber hebr. הֵקִים).
- ∞ Das Part. Peˁal lautet קָאֵם (hebr. קָם), so als wäre es von einer Wurzel II-ˀ abgeleitet.
- ∞ Das Hitpeˁel ist unregelmäßig gebildet: Typ הִתְּקָם bzw. הִתְּקִים.
- ∞ Es gibt neben dem Paˁˁel auch Intensivstamm-Bildungen des Typs Polel (קוֹמֵם) und ein Hitpolal (הִתְקוֹמַם); vgl. hebräischen Polel und Hitpolel.

7.2.2 Weitere Beobachtungen

- ∞ Das Perf. Peˁil von שִׂים lautet erwartungsgemäß שִׂים (Dan 3 29 u.ö.); als Form 3.f.sg. ist jedoch in Dan 6,18 שֻׂמַת bezeugt (man erwartet שִׂימַת). Der *u*-Vokal könnte darauf hindeuten, dass dem Peˁil (Perfekt) eine Grundform **puˁil* zugrunde liegt (vgl. arab. *fuˁila* als Passiv des I. Verbalstamms).
- ∞ Hitpeˁel-Formen sind unregelmäßig gebildet: Von שִׂים ist ein Impf. יִתְּשָׂם (Dan 2 5, Esr 4 21) und ein Part. מִתְּשָׂם (Esr 5 8), von זון (Hitpe. *sich ernähren*) ein Impf. יִתְּזִין (mit Variante יִתְּזָן, Dan 4 9) bezeugt. Sie zeigen eine Verdoppelung des ת und keine Konsonantenmetathese (תשׂ > שׂת; תז > זד, → 5.3). Es handelt sich eigentlich wohl um Bildungen nach Art des sogenannten (H)ittafˁal-Stamms, der als Reflexivvariante zum Kausativstamm zu rekonstruieren ist (→ 5.1).
- ∞ Von der Wurzel רום ist ein Part. Pōlel מְרוֹמֵם *erhebend, preisend* (Dan 4 34) und ein Perf. Hitpolal הִתְרוֹמַמְתָּ *du hast dich erhoben* (Dan 5 23) bezeugt.
- ∞ Es gibt in dieser Wurzelklasse vergleichsweise viele Afˁel-Bildungen (neben Hafˁel-Bildungen). Der Vokal zwischen erstem und drittem Radikal wechselt zwischen *ī* und *ē*, ohne dass damit ein Bedeutungsunterschied

verbunden wäre. Einige Afˁel-Formen zeigen Vortonvokale nach hebräischem Muster (z.B. Impf. תָּסֵיף, Part. מָרִים).

∞ Als Perf. Hofˁal 3.f.sg. ist – vielleicht in falscher Analogie zum Hafˁel – die ungewöhnliche Form הֳקִימַת bzw. הֳקִמַת (Variante: הֱקִמַת) bezeugt (Dan 7 4.5). Man erwartet *הֳקָּמַת.

7.2.3 Paradigma

Das folgende (teilweise rekonstruierte) Paradigma enthält alle wichtigen Formen:

		Peʿal		Peʿil	Hitpeʿel	Paʿʿel	Polel	Hitpolal
Perf. sg.	*3.m.*	קָם	שָׂם	שִׂים	הִתְשָׂם* הִתְשִׂים*			הִתְרוֹמַם
	3.f.	קָ֫מַת	שָׂ֫מַת	שְׂ֫מַת				
	2.m.	קָ֫מְתָּ	שָׂ֫מְתָּ					הִתְרוֹמַ֫מְתָּ
	2.f.							
	1.	קָ֫מֵת	שָׂ֫מֵת					
pl.	*3.m.*	קָ֫מוּ	שָׂ֫מוּ					
Impf. sg.	*3.m.*	יְקוּם	יְשִׂים		יִתְשָׂם יִתְשִׂים			
	3.f.	תְּקוּם	תְּשִׂים					
	1.	אֲקוּם	אֲשִׂים					
pl.	*3.m.*	יְקוּמוּן	יְשִׂימוּן		יִתְשָׂמוּן			
	3.f	יְקוּמָן	יְשִׂימָן					
Imp. sg.	*m.*	קוּם	שִׂים					
	f.	קֻ֫ומִי	שִׂ֫ימִי					
pl.	*m.*	קֻ֫ומוּ	שִׂ֫ימוּ					
Part. sg.	*m.*	קָאֵם	שָׂאֵם		מִתְשָׂם		מְרוֹמֵם	
Inf.		מְקָם	מְשָׂם			קַיָּמָה		

		Hafʿel	Afʿel	Hufʿal
Perf. *sg.*	*3.m.*	הֱקִים / הֱקֵים	אַקִים	
	3.f.	הֱקִימַת		הֳקִמַת
	2.m.	הֱקֵ֫ימְתָּ		
	1.	הֱקֵ֫ימֶת		
pl.	*3.m.*	הֱקִ֫ימוּ		
Impf. *sg.*	*3.m.*	יְהָקֵים	יְקִים	
	3.f.	תְּהָקֵים	תְּקִים / תְּקֵים / תָּקֵים	
pl.	*3.m.*	יְהֱקִימוּן	תְּקִימוּן	
Imp. *sg.*	*m.*	הֱקִים		
Part. *sg.*	*m.*	מְהָקֵים	מְקִים/מָקִים	
Inf.		הֱקָמָה		

7.3 Übungssätze

1. וַאֲנָה שִׁמְעֵת עֲלָךְ[60] דִּי־תִכּוּל פִּשְׁרִין לְמִפְשַׁר וְקִטְרִין לְמִשְׁרֵא

2. בֵּאדַיִן מַלְכָּא אֲמַר וְהַיְתִיו[62] לְדָנִיֵּאל וּרְמוֹ[61] לְגֻבָּא דִּי אַרְיָוָתָא

3. ... וּלְבַב חֵיוָה יִתְיְהִב לֵהּ וְשִׁבְעָה עִדָּנִין יַחְלְפוּן עֲלוֹהִי

4. דִּי לָא יְהֹבְדוּן[63] דָּנִיֵּאל וְחַבְרוֹהִי עִם־שְׁאָר חַכִּימֵי בָבֶל׃

5. ... עַד דִּי קְטִילַת חֵיוְתָא וְהוּבַד גִּשְׁמַהּ וִיהִיבַת לִיקֵדַת אֶשָּׁא׃

6. אַנְתְּה מַלְכָּא שָׂמְתָּ טְעֵם

7. אַנְתְּה מַלְכָּא שָׂמְתָּ טְעֵם דִּי כָל־אֱנָשׁ דִּי־יִשְׁמַע קָל קַרְנָא יִפֵּל וְיִסְגֻּד
לְצֶלֶם דַּהֲבָא׃ 8. וּמִנִּי שִׂים טְעֵם

9. צַלְמָא דִּי הֲקֵים נְבוּכַדְנֶצַּר מַלְכָּא׃

10. לֵאלָהָיךְ[65] לָא פָלְחִין[64] וּלְצֶלֶם דַּהֲבָא דִּי הֲקֵימְתָּ לָא סָגְדִין׃

11. לֵאלָהַי לָא אִיתֵיכוֹן פָּלְחִין וּלְצֶלֶם דַּהֲבָא דִּי הֲקֵימֶת לָא סָגְדִין׃

12. עַד־דִּבְרַת דִּי[67] יִנְדְּעוּן[66] חַיַּיָּא דִּי־שַׁלִּיט עִלָּיָא בְּמַלְכוּת אֲנוֹשָׁא

---

[60] Ketib עֲלַיִךְ, Qere עֲלָךְ

[61] *Und sie warfen (ihn)* (רמה Pe.)

[62] *Und sie brachten (den Daniel) her* (אתה Haf.).

[63] Verb אבד (→ 7.1).

[64] *Sie (scil. drei jüdische Männer) verehren/fürchten nicht.*

[65] Ketib לֵאלָהַיִךְ, Qere לֵאלָהָךְ.

וּלְמַן־דִּי יִצְבֵּא[70] יִתְּנִנַּהּ וּשְׁפַל אֲנָשִׁים[69] יְקִים עֲלַהּ[68]

13. וַאֲמַר לְהוֹבָדָה לְכֹל חַכִּימֵי בָבֶל׃

14. אֱדַיִן מִלְּתָא הוֹדַע אַרְיוֹךְ לְדָנִיֵּאל׃

15. מְהוֹדְעִין אֲנַחְנָה לְמַלְכָּא דִּי־לָקֳבֵל דְּנָה חֲלָק בַּעֲבַר נַהֲרָא לָא אִיתַי לָךְ׃

16. וְעַל מָרֵא־שְׁמַיָּא ׀ הִתְרוֹמַמְתָּ[71]

17. בֵּאדַיִן עָנֵה דָנִיֵּאל וְאָמַר קֳדָם מַלְכָּא מַתְּנָתָךְ לָךְ לֶהֶוְיָן[72] וּנְבִזְבְּיָתָךְ לְאָחֳרָן הַב בְּרַם כְּתָבָא אֶקְרֵא לְמַלְכָּא וּפִשְׁרָא אֲהוֹדְעִנֵּהּ׃

---

[66] Verb ידע.

[67] עַד־דִּבְרַת דִּי *damit.*

[68] Ketib עליה = עֲלַיַּהּ.

[69] וּשְׁפַל אֲנָשִׁים *und den allerniedrigsten Menschen ...*

[70] יִצְבֵּא (Verb צבה) *er möchte/will.*

[71] → 7.2.2.

[72] *Sie* (f.pl.) *sollen sein* (Verb הוה).

LEKTION 8

Schwache Verben (III-*inf.*)

8.1 *Verben tertiae infirmae* (III-*inf.*: III-*y*, III-*w*, III-ˀ)

8.1.1 Vorbemerkungen

Zu den Verben *tertiae infirmae* (entsprechend den *Lamed-He*-Verben des Hebr.) zählen im Aramäischen auch die Verben mit Aleph als drittem Radikal (III-ˀ), da sie weitestgehend (von wenigen Partizipien abgesehen) gleiche Formen wie Verben mit ursprünglichem *w* oder *y* als drittem Radikal bilden, und damit häufig Formen ohne geschriebenes Aleph aufweisen.

Es gibt ein einheitliches Flexionsschema, und zwar das der Klasse III-*y*.

Anders als im Hebräischen (mit durchgehendem ה im Paradigma der *Lamed-He*-Verben) wechselt im Aramäischen die Plene-Schreibung des letzten Radikals je nach Auslautvokal:

- für auslautendes -*ā* steht: ה (z.B. Perf. Pe. בְּנָה)
- für -*ē* (immer Ṣere-Vokal) steht meist א, seltener ה (z.B. Impf. Pe. יִבְנֵא; auch im Part. Pe. wechseln בָּנֵא und בָּנֵה) oder י (יִתְקְרֵי Dan 5 12 [eine Jussivform; das *Ketib* könnte hier für *yitqᵉrī* stehen])
- für -*i* steht י (z.B. Perf. Pa. בַּנִּי)

Die einschlägigen Wörterbücher listen Verben III-*w/y* entweder unter III-ה auf (nach hebraistischer Manier) oder unter III-א (so vor allem die älteren Wörterbücher[73]): so erscheint beispielsweise die Wurzel für *bauen* bei Köhler–Baumgartner (KBL[3]) als בנה, bei Gesenius (17. Auflage) aber als בנא.

8.1.2 Hauptmerkmale des Paradigmas

- Das Aramäische hat keine Vortonvokale (→ 1.4); deshalb lautet etwa das Perf. Peˁal בְּנָה (gegenüber hebräisch בָּנָה).

[73] Einige wenige (ältere) Wörterbücher listen entsprechende Verben unter III-י auf.

∞ Alle Imperfektformen und Partizipien (außer Ptz. pass.) enden auf *-ē* (geschrieben meist אֵ ־).

∞ Verbalformen der 3. Person m. pl. (Perf. Pe. und Impf. aller Stämme) zeigen einen durch Kontraktion entstandenen *ō*-Vokal, wo andere Verben *ū* haben: z.B. בְּנוֹ *sie bauten* (<*banayū), יִבְנוֹן *sie werden bauen* (< *yibnayūn). Dieser *ō*-Vokal ist charakteristisch für die Verbalklasse III-*inf.* und als Erkennungszeichen gut einzuprägen.

∞ Partizipien f. sg. (St. abs.) weisen die Endung ־ְיָה (-ᵉyāh), Partizipien m. pl. die wie eine Dualform anmutende Endung ־ַיִן (-*ayin*) auf, z.B. Part. Peʿal m.sg. בָּנֵה, f. sg. בָּנְיָה, m. pl. בָּנַיִן.

∞ Anders als im Hebräischen enden viele Perfekt-Grundformen abgeleiteter Stämme auf -*ī*, z.B. Paʿʿel בַּנִּי, Hafʿel הַבְנִי (ferner Peʿil, Hitpeʿel und Hitpaʿʿal).

∞ Da das Perf. 3.m.sg. auf Vokal endet (Pe. בְּנָה), wird es mit dem „langen" Pronominalsuffix 3.m.sg. ־ְהִי verknüpft: בְּנָהִי *er baute ihn* (Esr 5 11; gegenüber כַּתְבֵהּ *er schrieb ihn/es*).

8.1.3 Weitere Beobachtungen

∞ Zwei Verben, צבה *wollen, begehren* und שׁתה *trinken* (→ 8.2), bilden im Peʿal ein *i*-Perfekt. Ihre Formen haben durchgehend *i* in der zweiten Silbe, z.B. צְבִית *ich wollte* (Dan 7 19).

∞ Perfektformen auf -*i* (z.B. Paʿʿel בַּנִּי) haben in der 3. Person m. pl. eine Endung ־ִיו (-*iw* < *iyū).

∞ Der Inf. Pe. endet auf *ē*: מִבְנֵא (< **mibnay*).

∞ Das Perf. Peʿil 3.m.sg. ist nebeneinander als בְּנִי, בֱּנִי und בְּנִי überliefert.

8.1.4 Paradigma (Verb בנה)

		Peʿal		Peʿil	Hitpeʿel
Perf. sg.	*3.m.*	בְּנָה / בְּנָא		בְּנִי	הִתְבְּנִי
	3.f.	בְּנַת / בְּנָת			הִתְבְּנִיַּת
	2.m.	בְּנַיְתָ			הִתְבְּנִיתָ
	1.	בְּנֵית			הִתְבְּנִית
pl.	*3.m.*	בְּנוֹ		בְּנִיו	הִתְבְּנִיו
	2.m.	בְּנֵיתוּן			הִתְבְּנִיתוּן
	1.	בְּנֵינָא			הִתְבְּנִינָא
Impf. sg.	*3.m.*	יִבְנֵא			יִתְבְּנֵא
	3.f.	תִבְנֵא			תִתְבְּנֵא
	2.m.	תִבְנֵא			תִתְבְּנֵא
	1.	אֶבְנֵא			אֶתְבְּנֵא
pl.	*3.m.*	יִבְנוֹן			יִתְבְּנוֹן
	3.f.	יִבְנְיָן			יִתְבַּנְיָן
	2.m.	תִבְנוֹן			תִתְבְּנוֹן
	1.	נִבְנֵא			נִתְבְּנֵא
Imp. sg.	*m.*	בְּנִי			
pl.	*m.*	בְּנוֹ			
		aktiv	*passiv*		
Part. sg.	*m.*	בָּנֵה / בָּנֵא	בְּנֵה / בְּנֵא		מִתְבְּנֵא
	f.	בָּנְיָה	בַּנְיָה		מִתְבַּנְיָה
pl.	*m.*	בָּנַיִן	בְּנַיִן		מִתְבְּנַיִן
	f.	בָּנְיָן	בַּנְיָן		מִתְבַּנְיָן
Inf.		מִבְנֵא			הִתְבְּנָיָה

		Paʿʿel		Hitpaʿʿal	Hafʿel	
Perf. sg.	*3.m.*	בַּנִּי		הִתְבַּנִּי	הַבְנִי	
	2.m.	בַּנִּ֫יתָ		הִתְבַּנִּ֫יתָ	הַבְנִ֫יתָ	
	1.	בַּנִּית		הִתְבַּנִּית	הַבְנִית	
pl.	*3.m.*	בַּנִּיו		הִתְבַּנִּיו	הַבְנִין	
	2.m.	בַּנִּיתוּן		הִתְבַּנִּיתוּן	הַבְנִיתוּן	
	1.	בַּנִּ֫ינָא		הִתְבַּנִּ֫ינָא	הַבְנִ֫ינָא	
Impf. sg.	*3.m.*	יְבַנֵּא		יִתְבַּנֵּא	יְהַבְנֵא	
	3.f.	תְּבַנֵּא		תִּתְבַּנֵּא	תְּהַבְנֵא	
	2.m.	תְּבַנֵּא		תִּתְבַּנֵּא	תְּהַבְנֵא	
	1.	אֲבַנֵּא		אֶתְבַּנֵּא	אֲהַבְנֵא	
pl.	*3.m.*	יְבַנּוֹן		יִתְבַּנּוֹן	יְהַבְנוֹן	
	3.f	יְבַנְּיָן		יִתְבַּנְּיָן	יְהַבְנְיָן	
	2.m.	תְּבַנּוֹן		תִּתְבַּנּוֹן	תְּהַבְנוֹן	
	1.	נְבַנֵּא		נִתְבַּנֵּא	נְהַבְנֵא	
Imp. sg.	*m.*	בַּנִּי			הַבְנִי	
pl.	*m.*	בַּנּוֹ			הַבְנוֹ	
		aktiv	*passiv*		*aktiv*	*passiv*
Part. sg.	*m.*	מְבַנֵּא	מְבַנַּי	מִתְבַּנֵּא	מְהַבְנֵא	מְהַבְנַי
	f.	מְבַנְּיָה	מְבַנְּיָה	מִתְבַּנְּיָה	מְהַבְנְיָה	מְהַבְנְיָה
pl.	*m.*	מְבַנַּ֫ין	מְבַנַּ֫ין	מִתְבַּנַּ֫ין	מְהַבְנַ֫ין	מְהַבְנַ֫ין
	f.	מְבַנְּיָן	מְבַנְּיָן	מִתְבַּנְּיָן	מְהַבְנְיָן	מְהַבְנְיָן
Inf.		בַּנָּיָה		הִתְבַּנָּיָה	הַבְנָיָה	

8.2 Doppelt schwache und unregelmäßige Verben (אתה, הוה, חוה, סלק, הלך, שתה)

אתה
kommen

zugleich I-*inf.* und III-*inf.*

- Peʿal Inf. (לְ)מֵתֵא (*um*) *zu kommen*
- Hafʿel Perf. 3.m.sg. הַיְתִי *er brachte* (man beachte den Diphthong *ay* in der Präfixsilbe)
- Hofʿal Perf. 3.m.pl. הֵיתָיו *sie wurden gebracht* (mit abnormen *ē* in der Präfixsilbe)

הוה
sein

(vgl. hebräisch היה) bildet unregelmäßige Imperfekt-Formen mit ל-Präfix (wie im Ostaramäischen) statt י-Präfix, wohl um eine Verwechslung mit dem Tetragramm יהוה zu vermeiden:

- 3.m.sg. לֶהֱוֵא / לֶהֱוֵה *er wird / soll sein*
- 3.m.pl. לֶהֱוֺן *sie werden / sollen sein*

חיה
leben

(vgl. hebräisch חיה) bildet gewöhnlich Formen gemäß III-*inf.*, das Part. Afʿel jedoch gemäß *mediae geminatae*:

- Imp. Pe. m. sg. חֱיִי *lebe!*
- Part. Af. מַחֵא (d.h. *maḥ(ḥ)ē*) *einer, der am Leben lässt* (vgl. מַדִּק von דקק)

סלק
hinaufgehen

bildet Formen mit assimiliertem ל im Hafʿel und Hofʿal, wo ס und ל in direkten Kontakt treten. Andere Formen sind regelmäßig.

- Perf. Haf. 3.m.pl. הַסִּקוּ (< **hasliqū*)
- Inf. Haf. הַנְסָקָה (< **hassāqāh* < **haslāqāh*)
- Perf. Hof. הֻסַּק (< **huslaq*)

Aufgrund des Befundes anderer aramäischer Sprachen dürfte auch das nicht bezeugte Impf. Pe. ohne ל, d.h. als יִסַּק (< **yislaq*), zu rekonstruieren sein.

הלך
gehen

bildet ein unregelmäßiges Imperfekt und Infinitiv Peʿal, formal entsprechend der Klasse *mediae infirmae* (Perfekt und Imperativ werden vom Verb אזל gebildet). Paʿʿel- und Hafʿel-Formen sind regelmäßig:

∞ Impf. Pe. יְהָךְ (Esr 5 5, 7 13); aber וִיהַךְ neben וִיהָךְ in Esr 6 5
∞ Inf. Pe. מְהָךְ (Esr 7 13)[74]

שתה
trinken

bildet das Perfekt Peˁal (Themavokal i) mit Vorschlagsilbe (Prosthese): 3.m.pl. אִשְׁתִּיו *sie tranken* (für *שְׁתִיו).

8.3 Übersichtsparadigma der schwachen Verben (Eckformen)

Peˁal	II-*gem.*	I-*inf.*	II-*inf.*	III-*inf.*	*starkes Verb*
Perf.	דַּק	יְתִב	קָם	בְּנָה	כְּתַב
Impf.	יֵדֻּק/יִדֹּק	יִתִּב/יִנְתִּב	יְקוּם	יִבְנֵא	יִכְתֻּב
Imp.	דֻּק / דֹּק	תִּב	קוּם	בְּנִי	כְּתֻב
Part.	דָּקֵק	יָתֵב	קָאֵם	בָּנֵה	כָּתֵב
Inf.	מִדַּק		מְקָם	מִבְנֵא	מִכְתַּב
Hafˁel					
Perf.	הַדֵּק (הַנְדֵּק)	הוֹתֵב	הֲקִים	הַבְנִי	הַכְתֵּב
Impf.	יְהַדֵּק	יְהוֹתֵב	יְהָקֵים	יְהַבְנֵא	יְהַכְתֵּב
Imp.	הַדֵּק	הוֹתֵב	הֲקִים	הַבְנִי	הַכְתֵּב
Part.	מְהַדֵּק / מַדֵּק	מְהוֹתֵב	מְהָקֵים	מְהַבְנֵא	מְהַכְתֵּב
Inf.	הַדָּקָה	הוֹתָבָה	הֲקָמָה	הַבְנָיָה	הַכְתָּבָה

[74] Wahrscheinlich gehen die Formen יְהָךְ/יְהַךְ und מְהָךְ auf die Grundformen **yihlak* bzw. **mihlak* zurück: **yihlak* > **yihhak* (vgl. die Formen von סלק [letzter Absatz]). Sekundär erfolgte eine Angleichung an die Verbklasse *mediae infirmae*.

8.4 Übungsätze

1. לְמֵתֵא[75] לַחֲנֻכַּת צַלְמָא

2. כְּעַן מַלְכָּא תְּקִים אֱסָרָא וְתִרְשֻׁם כְּתָבָא דִּי לָא לְהַשְׁנָיָה כְּדָת־מָדַי וּפָרַס דִּי־לָא תֶעְדֵּא׃

3. וּרְבוּתָךְ רְבַת וּמְטָת לִשְׁמַיָּא וְשָׁלְטָנָךְ לְסוֹף אַרְעָא׃

4. וְאַבְנָא דִּי־מְחָת לְצַלְמָא הֲוָת לְטוּר רַב וּמְלָת כָּל־אַרְעָא׃

5. וּמֶלֶךְ לְיִשְׂרָאֵל רַב בְּנָהִי[76] וְשַׁכְלְלֵהּ׃

6. עָנֵה דָנִיֵּאל וְאָמַר לֶהֱוֵא שְׁמֵהּ דִּי־אֱלָהָא מְבָרַךְ מִן־עָלְמָא וְעַד־עָלְמָא

7. מִתְעָרְבִין לֶהֱוֺן בִּזְרַע אֲנָשָׁא וְלָא־לֶהֱוֺן דָּבְקִין דְּנָה עִם־דְּנָה

8. וּבֵית אֱלָהָא יִתְבְּנֵא עַל־אַתְרֵהּ

9. אֱזַל וְכֵן אֲמַר־לֵהּ לְחַכִּימֵי בָבֶל אַל־תְּהוֹבֵד הַעֵלְנִי[78] קֳדָם מַלְכָּא וּפִשְׁרָא לְמַלְכָּא אֲחַוֵּא[77]׃

10. בֵּאדַיִן הַיְתִיו מָאנֵי דַהֲבָא דִּי הַנְפִּקוּ מִן־הֵיכְלָא דִּי־בֵית אֱלָהָא דִּי בִירוּשְׁלֶם וְאִשְׁתִּיו בְּהוֹן מַלְכָּא וְרַבְרְבָנוֹהִי שֵׁגְלָתֵהּ וּלְחֵנָתֵהּ׃

---

[75] Verb אתה → 8.2.

[76] Verb בנה mit Suff. 3.m.sg. (→ 8.1.2).

[77] Ich will kundtun (חוה Pa.).

[78] Verb עלל.

11. כְּעַן דָּנִיֵּאל יִתְקְרֵי[79] וּפִשְׁרָה יְהַחֲוֵה׃

12. בֵּאדַיִן דָּנִיֵּאל הֻעַל[80] קֳדָם מַלְכָּא עָנֵה מַלְכָּא וְאָמַר לְדָנִיֵּאל אַנְתְּ־הוּא
דִּי־מִן־בְּנֵי גָלוּתָא דִּי יְהוּד דִּי הַיְתִי מַלְכָּא אַבִי מִן־יְהוּד׃

13. מַלְכָּא לְעָלְמִין חֱיִי 14. יְדִיעַ לֶהֱוֵא לְמַלְכָּא דִּי יְהוּדָיֵא דִּי סְלִקוּ
מִן־לְוָתָךְ עֲלֶינָא אֲתוֹ לִירוּשְׁלֶם קִרְיְתָא מָרָדְתָּא וּבִאישְׁתָּא בָּנַיִן

15. כְּעַן יְדִיעַ לֶהֱוֵא לְמַלְכָּא דִּי הֵן קִרְיְתָא דָךְ תִּתְבְּנֵא וְשׁוּרַיָּה יִשְׁתַּכְלְלוּן
מִנְדָּה לָא יִנְתְּנוּן

16. וּלְמָאנַיָּא דִי־בַיְתֵהּ הַיְתִיו קָדָמַיךְ[81] וְאַנְתָּה וְרַבְרְבָנַיִךְ שֵׁגְלָתָךְ וּלְחֵנָתָךְ
חַמְרָא שָׁתַיִן בְּהוֹן

[79] Jussiv, deshalb mit י <j> geschrieben.

[80] Verb עלל.

[81] Lies *qodām* -.

BELSCHAZZARS GASTMAHL

Daniel, Kapitel 5, Verse 1-29

1 בֵּלְשַׁאצַּר[1] מַלְכָּא[2] עֲבַד[3] לְחֶם[4] רַב לְרַבְרְבָנוֹהִי[5] אֲלַף וְלָקֳבֵל[6]
אַלְפָּא חַמְרָא שָׁתֵה[7]׃
2 בֵּלְשַׁאצַּר אֲמַר[8] ׀ בִּטְעֵם חַמְרָא[9] לְהַיְתָיָה[10] לְמָאנֵי[11] דַּהֲבָא[12] וְכַסְפָּא

[1]Belschazzar, König von Babylon. Namensbedeutung wahrscheinlich: *Bel* (= Herr / Marduk), *behüte* (uṣur) *den König* (šar(ra))!

[2]Nomen (*König*) mit aramäischem Artikel (=St.det.); → 2.1.

[3] Verb עבד, Pe. Perf. 3.m.sg. (→ 4.2).

[4]Nomen im St. abs. (→ 2.1); vgl. hebr. לֶחֶם *Brot*; hier (*Fest*)*mahl.*

[5] רַב (Adjektiv, hier substantiviert) mit unregelmäßigem Pl. (→ 2.5) und Suff. 3.m.sg. (→ 3.2).

[6] Lies $w^e loq^o bel$ (Bedeutung: *vor, gegenüber*).

[7] Part. → 4.4 und 8.1.4; zur Wortstellung vgl. → 4.7.

[8]*Er befahl (wörtl. er sagte).*

[9] Etwa: *im Zustand der Betrunkenheit* (wörtl. *im Geschmack des Weines*); zu unterscheiden von טְעֵם$_2$ (mit abweichender Etymologie) *Befehl.*

[10] אתה, Haf. Inf. (→ 8.2); das Hafʿel ist die aramäische Entsprechung des hebr. Hifʿil (→ 5.1; 5.2).

[11] ל als *Nota accusativi* (→ 4.6).

[12]Entspricht hebr. זָהָב (→ 1.3 und 1.4).

דִּי[1] הַנְפֵּק[2] נְבוּכַדְנֶצַּר[3] אֲבוּהִי[4] מִן־הֵיכְלָא דִּי בִירוּשְׁלֶם וְיִשְׁתּוֹן[5]
בְּהוֹן מַלְכָּא וְרַבְרְבָנוֹהִי שֵׁגְלָתֵהּ[6] וּלְחֵנָתֵהּ׃
3 בֵּאדַיִן[7] הַיְתִיו[8] מָאנֵי דַהֲבָא דִּי[9] הַנְפִּקוּ מִן־הֵיכְלָא דִּי־בֵית אֱלָהָא
דִּי בִירוּשְׁלֶם וְאִשְׁתִּיו[10] בְּהוֹן מַלְכָּא וְרַבְרְבָנוֹהִי שֵׁגְלָתֵהּ וּלְחֵנָתֵהּ׃
4 אִשְׁתִּיו חַמְרָא וְשַׁבַּחוּ[11] לֶאלָהֵי דַּהֲבָא וְכַסְפָּא נְחָשָׁא פַרְזְלָא
אָעָא[12] וְאַבְנָא׃
5 בַּהּ־שַׁעֲתָה[13] נְפַקוּ[14] אֶצְבְּעָן[15] דִּי יַד־אֱנָשׁ וְכָתְבָן

---

1 Relativpronomen (→ 3.4); vgl. hebr. אֲשֶׁר.

2 Haf. mit Kausativ-Nuance (→ 5.1 und → 5.2); Verb I-*n* (→ 7.1.1; vgl. → 8.3).

3 Nebukadnezzar: König von Babylon und Vater von Belschazzar.

4 Unregelmäßiges Substantiv אַב (→ 2.5), Sg. mit Suff. 3.m.sg. der "Langvariante" הִי (→ 3.2, Bemerkungen).

5 Verb שׁתה (→ 8.1): *damit sie trinken (könnten)*, mit finalem Nebensinn.

6 Fem. Subst. im Plural (→ 2.1) mit Suffix (→ 3.2, Bemerkungen).

7 בְּ + אֱדַיִן : *danach.*

8 Verb אתה Haf. (→ 8.2; vgl. V. 2, oben); hier 3.m.pl. *sie brachten = man brachte.*

9 Relativpronomen (→ 3.4); vgl. funktional hebr. אֲשֶׁר.

10 Verb שׁתה, mit unregelmäßig gebildetem Perf. Pe., mit אִ-Prothese (→ 8.2; statt *שְׁתִיו). וְ + Perf. ist weder hier noch an den anderen Stellen als *Perf. consecutivum* zu verstehen, sondern hat Vergangenheitsbedeutung, fungiert also wie die hebr. Narrativ-Form (→ 4.2.4).

11 Paʿʿel-Stamm (entspricht dem hebr. Piʿʿel; → 5.1 und 5.2).

12 Entspricht hebr. עֵץ; zur ungewöhnlichen Lautentsprechung siehe → 1.3 und 1.4.

13 *In eben jener Stunde* bzw. *plötzlich* (wörtl. *in ihr, der Stunde*); → 3.2, letzter Absatz.

14 נְפַקוּ (Ketib), נְפַקָה (Qere). Eine spezifische Form für das Perf. 3.f.pl. ist nur in der Qere-Überlieferung bezeugt (→ 4.2.2).

15 Subst. mit Endung f. pl., St. abs. (→ 2.1).

לָקֳבֵל[1] נֶבְרַשְׁתָּא[2] עַל־גִּירָא דִּי־כְתַל הֵיכְלָא דִּי מַלְכָּא[3] וּמַלְכָּא חָזֵה[4]
פַּס יְדָה[5] דִּי כָתְבָה[6]׃
6 אֱדַיִן מַלְכָּא[7] זִיוֺהִי[8] שְׁנוֹהִי[9] וְרַעְיֹנֹהִי יְבַהֲלוּנֵּהּ[10]
וְקִטְרֵי[11] חַרְצֵהּ מִשְׁתָּרַיִן[12] וְאַרְכֻבָּתֵהּ[13] דָּא לְדָא[14] נָקְשָׁן׃
7 קָרֵא מַלְכָּא בְּחַיִל לְהֶעָלָה[15] לְאָשְׁפַיָּא[16] כשדיא[17] וְגָזְרַיָּא

[1] Lies: *loqᵒbel.*

[2] *Kerzenleuchter.*

[3] עַל־גִּירָא דִּכְתַל הֵיכְלָא דִּי מַלְכָּא *auf dem Wandverputz des Königspalastes* (eine Kette von Genitivverbindungen; zweimal Typ 2, einmal Typ 1 [→ 2.6]).

[4] Part. Pe. (→ 4.4 und 8.1).

[5] ~ יְדָה St. det. Schreibung des Artikels mit ה statt א.

[6] Part. Pe. f.sg.: (*die Hand*) *die schreibend war* = *die dabei war zu schreiben* (das Part. dient oft wie hier als Verlaufsform [imperfektive Darstellung der Vergangenheit]).

[7] Pendenskonstruktion („Extraposition“): *Was den König betrifft — so ...*

[8] זִיו *Gesichtszug*; Pl.cs. + Suff. 3.sg.m.

[9] Pe. 3.m.pl. + Suff. 3.sg.m.: *sie wurden anders* (*bei*) *ihm* oder: *sie veränderten ihn* (syntaktische Deutung umstritten).

[10] Impf. Pa. für die imperfektive Darstellung der Vergangenheit (→ 4.2.4); zum Impf. mit Suff. siehe → 6.3.2. Der Handlungsstrang wird mit Partizipien fortgeführt (→ 4.4).

[11] קְטַר *Knoten, Gelenk*, Pl. cs. (→ 2.4).

[12] שׁרה Hitpa.: *sich lösen* (Part. m.pl. abs. mit Metathese [→ 5.3]).

[13] אַרְכֻבָּה *Knie* (Pl.); die Nominalbildung ist bemerkenswert (אֲ-Prothese und Konsonantenmetathese [vgl. hebr. בֶּרֶךְ *Knie*]).

[14] Wörtl.: *diese an diese* (→ 3.3), d.h. *das eine* (*Knie schlug* [*immer wieder*]) *gegen das andere.*

[15] עלל Inf. Haf.: *hereinführen* (→ 6.5; der erste Radikal — ein Laryngal — kann hier nicht verdoppelt werden).

[16] *Beschwörer*, Subst. m.pl., St. det. (→ 2.1).

[17] כַּשְׂדָּיֵא (*Ketib*), שַׂאֵי (*Qere*) *Chaldäer, Magier*: unregelmäßig gebildeter St. det. (m.pl.) → 2.2.

עָנֵה[1] מַלְכָּא וְאָמַר ׀ לְחַכִּימֵי בָבֶל דִּי[2] כָל־אֱנָשׁ דִּי־יִקְרֵה[3] כְּתָבָה
דְנָה וּפִשְׁרֵהּ יְחַוִּנַּנִי[4] אַרְגְּוָנָא[5] יִלְבַּשׁ והמונכא[6] דִי־דַהֲבָא עַל־צַוְּארֵהּ
וְתַלְתִּי[7] בְמַלְכוּתָא יִשְׁלַט׃ ס

8 אֱדַיִן עללין[8] כֹּל חַכִּימֵי מַלְכָּא וְלָא־כָהֲלִין כְּתָבָא לְמִקְרֵא
ופשרא[9] לְהוֹדָעָה[10] לְמַלְכָּא׃

9 אֱדַיִן מַלְכָּא בֵלְשַׁאצַּר שַׂגִּיא מִתְבָּהַל[11] וְזִיוֹהִי שָׁנַיִן[12] עֲלוֹהִי
וְרַבְרְבָנוֹהִי מִשְׁתַּבְּשִׁין[13]׃

10 מַלְכְּתָא לָקֳבֵל מִלֵּי מַלְכָּא וְרַבְרְבָנוֹהִי לְבֵית מִשְׁתְּיָא עללת[14]

---

[1] So das *Qere*; das *Ketib* meint — hier und auch sonst allgmein in dieser Wendung — wahrscheinlich עֲנָה (d.h. Perf. 3.m.sg.).

[2] דִּי (*dass*) leitet hier eine wörtliche Rede ein.

[3] Impf. mit modaler Nuance: (*wer auch immer*) *lesen kann.*

[4] Impf. Pa. mit Objektsuffix (→ 6.3.2).

[5] (*... der wird sich*) *mit Purpur* (*kleiden*) .... ; mit diesem Wort beginnt der Hauptsatz (die Apodosis).

[6] וְהַמּוֹנְכָא (*Ketib*), הַמְנִיכָא (*Qere*): *Halskette* (ein Lehnwort aus dem Persischen).

[7] Subst., abgeleitet von der Zahlwurzel für *drei*; genaue Bedeutung unklar, etwa *dritter* (*im Rang*) (die ת-Laute entsprechen hier hebräischem שׁ; → 1.3; vgl. → 1.5).

[8] עָלְלִין (*Ketib*), עָלִּין (*Qere*), עלל *eintreten*, Part. m.pl., St. abs.

[9] וּפִשְׁרָא (*Ketib*), פִּשְׁרֵהּ (*Qere*, d.h. mit Suff. 3.m.sg.).

[10] ידע Inf. Haf. (→ 7.1).

[11] Hitpa. Part.; Gemination von ה nicht möglich, deshalb Ersatzdehnung (Patach → Qameṣ).

[12] Part. m. pl., St. abs. (nicht Dual!; → 8.1.2); vgl. Vers 6.

[13] Part. Hitpa. mit Konsonantenmetathese (→ 5.3): *in Verwirrung geraten, erschrecken.*

[14] עָלְלַת (*Ketib*), עַלַּת (*Qere*).

עֲנָת מַלְכְּתָא וַאֲמֶרֶת[1] מַלְכָּא[2] לְעָלְמִין חֱיִי[3] אַל־יְבַהֲלוּךְ[4] רַעְיוֹנָךְ

וְזִיוָיךְ אַל־יִשְׁתַּנּוֹ[5]׃

11 אִיתַי[6] גְּבַר[7] בְּמַלְכוּתָךְ[8] דִּי רוּחַ אֱלָהִין קַדִּישִׁין בֵּהּ וּבְיוֹמֵי אֲבוּךְ

נַהִירוּ וְשָׂכְלְתָנוּ[9] וְחָכְמָה כְּחָכְמַת־אֱלָהִין הִשְׁתְּכַחַת[10] בֵּהּ וּמַלְכָּא נְבֻכַדְנֶצַּר

אֲבוּךְ רַב חַרְטֻמִּין אָשְׁפִין כַּשְׂדָּאִין גָּזְרִין הֲקִימֵהּ[11] אֲבוּךְ מַלְכָּא[12]׃

12 כָּל־קֳבֵל[13] דִּי רוּחַ ׀ יַתִּירָה[14] וּמַנְדַּע וְשָׂכְלְתָנוּ[15] מְפַשַּׁר[16] חֶלְמִין

---

[1] וַאֲמֶרֶת (zur Form vgl. → 4.2.2). Redeeinleitungen sind im Biblisch-Aramäisch syntaktisch unterschiedlich überliefert: (1.) Perf. von ענה + Part. von אמר, (2.) Part. von ענה + Part. von אמר (möglicherweise aber im *Ketib* im Sinne von Variante (1.) gemeint) und (3.) Perf. ענה + Perf. von אמר (so wie hier).

[2] Der St. det. hat hier vokativische Bedeutung: *o König!*

[3] חיה *leben*, Pe. Imp. m.sg. (→ 8.2).

[4] Jussiv + Suff. (→ 6.3.3).

[5] Kurzform der Präformativkonjugation 3.m.pl. als Jussiv (→ 4.2.2); Hitpa. mit Metathese (→ 5.3).

[6] *Es gibt* (→ 3.6).

[7] *Qatl*-Segolatum im St. abs. (→ 2.4): *ein (gewisser) Mann.*

[8] Feminines Subst. auf -*ū*(*t*) (→ 2.3).

[9] Weitere (zwei) Feminina auf -*ū*(*t*) (→ 2.3).

[10] Perf. Pa. (mit Metathese [→ 5.3]) 3.f.sg. mit „segolierter" Femininendung (vgl. → 4.2.2): *sie wurde gefunden.*

[11] *Er hat ihn erhoben zum Oberhaupt* (רב) *von ...* (zur Bildung siehe → 7.2).

[12] ... *(und zwar war es) dein (eigener) Vater, o König.*

[13] Wörtlich etwa *»angesichts dieser Sachlage«*; כָּל־קֳבֵל ist zusammengesetzt aus כְּ + לְ + קֳבֵל) und nicht etwa aus כָּל und קֳבֵל. Hier zusammen mit דִּי = *denn, weil.*

[14] רוּחַ *Geist* hat fem. Genus (wie im Hebr.).

[15] Feminines Subst. auf -*ū*(*t*) (→ 2.3).

[16] Man erwartet eher einen Inf. Pe. (מִפְשַׁר) *das Ausbreiten/Deuten von Träumen* (vgl. Vers 16).

וְאַחֲוָיַת[1] אֲחִידָן וּמְשָׁרֵא[2] קִטְרִין הִשְׁתְּכַחַת בֵּהּ בְדָנִיֵּאל[3] דִּי־מַלְכָּא

שָׂם־שְׁמֵהּ בֵּלְטְשַׁאצַּר כְּעַן[4] דָּנִיֵּאל יִתְקְרֵי[5] וּפִשְׁרָה יְהַחֲוֵה׃ פ

13 בֵּאדַיִן דָּנִיֵּאל הֻעַל[6] קֳדָם מַלְכָּא עָנֵה מַלְכָּא וְאָמַר לְדָנִיֵּאל אנתה[7]־הוּא

דָנִיֵּאל[8] דִּי־מִן־בְּנֵי גָלוּתָא דִּי יְהוּד דִּי הַיְתִי[9] מַלְכָּא אַבִי מִן־יְהוּד׃

14 וְשִׁמְעֵת עליך[10] דִּי רוּחַ אֱלָהִין בָּךְ וְנַהִירוּ וְשָׂכְלְתָנוּ וְחָכְמָה יַתִּירָה

הִשְׁתְּכַחַת בָּךְ׃

15 וּכְעַן הֻעַּלּוּ[11] קָדָמַי חַכִּימַיָּא אָשְׁפַיָּא דִּי[12]־כְתָבָה דְנָה יִקְרוֹן[13]

---

[1] חוה (Af.): *kundtun, deuten*; Inf. in St.cs. (St.abs. = אַחֲוָיָה) → 5.2.

[2] Man erwartet eher einen Inf. Pe. (מִשְׁרֵא *das Lösen*; vgl. Vers 16).

[3] *Bei ihm, (nämlich) bei Daniel = bei eben diesem Daniel.*

[4] Führt — wie hebr. (וְ)עַתָּה — oft einen neuen Gedankengang ein.

[5] קרא Hitpe.; aufgrund der Schreibung mit Yod handelt es sich eindeutig um eine Jussiv-Form (Kurzform der Präformativkonjugation) entsprechend dem Paradigma der Verben III-*y* (→ 8.1.1).

[6] עלל Perf. Huf. (→ 6.5).

[7] אַנְתָּה (*Ketib*), אַנְתְּ־ (*Qere*): → 3.1.

[8] Dreigliedriger Nominalsatz: *Du bist Daniel* (הוּא dient als Kopula; → 3.1).

[9] אתה Perf. Haf. (→ 8.2).

[10] עֲלַיִךְ(*Ketib*), עֲלָךְ (*Qere*): → 3.2.

[11] עלל Perf. Huf. 3.m.pl. (→ 6.5; vgl. Vers 13). Zu beachten ist hier die nicht zu erwartende Gemination des 2. Radikals, möglichweise unter hebräischem Einfluss.

[12] Hier mit finalem Nebensinn: *auf dass, damit.*

[13] קרא (→ 8.1).

וּפִשְׁרֵהּ לְהוֹדָעֻתַנִי[1] וְלָא־כָהֲלִין[2] פְּשַׁר־מִלְּתָא לְהַחֲוָיָה[3]׃

16 וַאֲנָה שִׁמְעֵת עליך[4] דִּי־תוכל[5] פִּשְׁרִין לְמִפְשַׁר וְקִטְרִין לְמִשְׁרֵא
כְּעַן הֵן תוכל[6] כְּתָבָא לְמִקְרֵא וּפִשְׁרֵהּ לְהוֹדָעֻתַנִי אַרְגְּוָנָא[7] תִלְבַּשׁ והמונכא[8]
דִּי־דַהֲבָא עַל־צַוְּארָךְ וְתַלְתָּא[9] בְּמַלְכוּתָא תִּשְׁלַט׃ פ

17 בֵּאדַיִן עָנֵה דָנִיֵּאל וְאָמַר קֳדָם מַלְכָּא מַתְּנָתָךְ לָךְ לֶהֶוְיָן[10] וּנְבִזְבְּיָתָךְ
לְאָחֳרָן הַב[11] בְּרַם כְּתָבָא אֶקְרֵא לְמַלְכָּא וּפִשְׁרָא אֲהוֹדְעִנֵּהּ׃

18 אנתה[12] מַלְכָּא אֱלָהָא עליא[13] מַלְכוּתָא וּרְבוּתָא וִיקָרָא וְהַדְרָה
יְהַב לִנְבֻכַדְנֶצַּר אֲבוּךְ׃

---

[1] ידע Haf. Inf. + Suff. 1.c.sg. (→ 5.3; → 7.1)

[2] Von der Wurzel כהל *können, vermögen* sind nur Formen des Pe. Part. bezeugt. Für andere Formen des Paradigmas wird die suplementäre Wurzel יְכִל; gebraucht (Impf. יִכֻּל und יוּכַל).

[3] חוה Inf. Haf.: *kundtun, deuten* (in Vers 12 ist ein Af. [mit gleicher Bedeutung] bezeugt).

[4] עֲלַיִךְ(*Ketib*), עֲלָךְ (*Qere*).

[5] תוּכַל (*Ketib* [wie hebr.]), תִּכּוּל (*Qere*).

[6] תוּכַל (*Ketib*), תִּכּוּל (*Qere*).

[7] Zum Folgenden vgl. den Wortlaut von Vers 7.

[8] וְהַמּוֹנְכָא (*Ketib*), הַמְנִיכָא (*Qere*).

[9] An der Parallelstelle (Vers 7) findet sich demgegenüber וְתַלְתִּי.

[10] הוה Pe. Impf. 3.f.pl. (zum ל-Präfix siehe → 8.2).

[11] יהב Imp. Pe. (→ 7.1.1); die Form ist auch hebr. belegt und dient dort auch als Interjektion (*auf, los!*).

[12] אַנְתָּה (*Ketib*), אַנְתְּ (*Qere*); → 3.1.

[13] עִלָּיָא (*Ketib*), עִלָּאָה (*Qere*): *höchster* (*Gott*), Adjektiv mit Zugehörigkeitssuffix *-āy* (vgl. → 2.2).

19 וּמִן־רְבוּתָא דִּי יְהַב־לֵהּ כֹּל עַמְמַיָּא[1] אֻמַיָּא וְלִשָּׁנַיָּא הֲווֹ[2] זאעין[3] וְדָחֲלִין
מִן־קֳדָמוֹהִי דִּי־הֲוָה צָבֵא הֲוָא קָטֵל וְדִי־הֲוָה צָבֵא הֲוָה מַחֵא[4] וְדִי־הֲוָה צָבֵא
הֲוָה מָרִים[5] וְדִי־הֲוָה צָבֵא הֲוָה מַשְׁפִּיל[6]׃
20 וּכְדִי[7] רִם[8] לִבְבֵהּ וְרוּחֵהּ תִּקְפַת לַהֲזָדָה[9] הָנְחַת[10] מִן־כָּרְסֵא מַלְכוּתֵהּ
וִיקָרָה הֶעְדִּיו[11] מִנֵּהּ׃
21 וּמִן־בְּנֵי אֲנָשָׁא טְרִיד[12] וְלִבְבֵהּ ׀ עִם־חֵיוְתָא שׁוי[13] וְעִם־עֲרָדַיָּא מְדוֹרֵהּ

---

[1] עַם, mit unregelmäßigem Plural (→ 2.5).

[2] Perf. von הֲוָה + Part.: *er/sie pflegte(n) zu tun...* (mehrfach im vorliegenden Vers).

[3] זָאֲעִין (*Ketib*), זָיְעִין (*Qere*): זוע, Pe. Part. akt. (→ 7.2.1).

[4] חיה (→ 8.2).

[5] רום Part. Af. (→ 6.1; 7.2).

[6] Part. Af. (→ 6.1).

[7] *Sobald; als.*

[8] רום Perf. Pe. (ein *i*-Perfekt [→ 4.2.3]): (*sein Herz*) *erhob sich* = *war überheblich.*

[9] זוד Inf. Haf. (→ 7.2).

[10] נחת Perf. Huf.; mit dieser Worform beginnt der Hauptsatz (Apodosis).

[11] עֲדָה Perf. Haf.: *sie* (Pl.) = *man.*

[12] Perf. Peˁil: *er wurde verstoßen* (→ 5.1).

[13] *Ketib*: שְׁוִי (Pe. *er war gleich*) oder שֻׁוִּי (Pu. *er/es wurde gleich gemacht*); *Qere*: שַׁוִּיו (Pa. *sie machten / man machte gleich*); → 5.1, Anmerkung.

[14] Cf. Hebr. עֵשֶׂב.

[15] Impf. (Pa.) für imperfektive Darstellung der Vergangenheit (*man pfegte ihm zu essen zu geben*; → 4.2.4).

[16] Hitpa. mit Metathese und Teilassimilation (→ 5.3). Zur Funktion des Impf. siehe letzte Anmerkung.

[17] *Bis (dass) er erkannte, (dass...).*

עִשְׂבָּא[14] כְתוֹרִין יְטַעֲמוּנֵּהּ[15] וּמִטַּל שְׁמַיָּא גִּשְׁמֵהּ יִצְטַבַּע[16] עַד דִּי־יְדַע[17]
דִּי־שַׁלִּיט אֱלָהָא עליא[1] בְּמַלְכוּת אֲנָשָׁא וּלְמַן־דִּי[2] יִצְבֵּא יְהָקֵים עליה[3]׃

22 אנתה[4] בְּרֵהּ[5] בֵּלְשַׁאצַּר לָא הַשְׁפֵּלְתְּ לִבְבָךְ כָּל־קֳבֵל דִּי[6] כָל־דְּנָה יְדַעְתָּ׃

23 וְעַל[7] מָרֵא־שְׁמַיָּא׀ הִתְרוֹמַמְתָּ[8] וּלְמָאנַיָּא[9] דִי־בַיְתֵהּ הַיְתִיו קדמיך[10] אנתה[11]
ורברבניך[12] שֵׁגְלָתָךְ וּלְחֵנָתָךְ חַמְרָא שָׁתַיִן בְּהוֹן וְלֵאלָהֵי כַסְפָּא־וְדַהֲבָא
נְחָשָׁא פַרְזְלָא אָעָא וְאַבְנָא דִּי לָא־חָזַיִן וְלָא־שָׁמְעִין וְלָא יָדְעִין שַׁבַּחְתָּ[13]
וְלֵאלָהָא דִּי־נִשְׁמְתָךְ בִּידֵהּ[14] וְכָל־אֹרְחָתָךְ לֵהּ[15] לָא הַדַּרְתָּ׃

24 בֵּאדַיִן מִן־קֳדָמוֹהִי שְׁלִיחַ[16] פַּסָּא דִי־יְדָא וּכְתָבָא דְנָה רְשִׁים׃

---

[1] עִלָּיָא *(Ketib)*, עִלָּאָה *(Qere)*.

[2] *Und wen auch immer.*

[3] עֲלַיַּהּ*(Ketib)*, עֲלַהּ *(Qere)*.

[4] אַנְתָּה *(Ketib)*, אַנְתְּ־ *(Qere)*.

[5] בַּר *Sohn* mit Suff. (→ 2.5).

[6] Hier etwa: *obwohl.*

[7] Hier: *gegen.*

[8] Perf. Hitpolal (→ 7.2.2).

[9] Vgl. zum Wortlaut Vers 2.

[10] קֳדָמַיִךְ *(Ketib)*, קֳדָמָךְ *(Qere)*; lies: *qodāmāḵ*.

[11] אַנְתָּה *(Ketib)*, אַנְתְּ־ *(Qere)*.

[12] וְרַבְרְבָנַיִךְ *(Ketib)*, וְרַבְרְבָנָךְ *(Qere)*.

[13] Das Verb steht (unbetont) am Ende des Satzes (→ 4.7); gleiche Stellung im nächsten Satz.

[14] יַד *Hand* (mit Präposition בְּ und Suff.).

[15] *... und dem alle deine Wege gehören.*

[16] So der Codex Leningradensis; viele Manuskripte bieten שְׁלִיחַ : שלח (Verb III-*laryngalis*), Perf. Peˁil mit *Pataḥ furtivum*: *es wurde (von ihm) geschickt.*

25 וּדְנָה כְתָבָא דִּי רְשִׁים מְנֵא מְנֵא תְּקֵל וּפַרְסִין׃

26 דְּנָה פְּשַׁר־מִלְּתָא מְנֵא[1] מְנָה־אֱלָהָא מַלְכוּתָךְ וְהַשְׁלְמַהּ[2]׃

27 תְּקֵל תְּקִילְתָּה[3] בְמֹאזַנְיָא וְהִשְׁתְּכַחַתְּ חַסִּיר׃

28 פְּרֵס פְּרִיסַת מַלְכוּתָךְ וִיהִיבַת לְמָדַי וּפָרָס׃

29 בֵּאדַיִן ׀ אֲמַר בֵּלְשַׁאצַּר וְהַלְבִּשׁוּ לְדָנִיֵּאל אַרְגְּוָנָא והמונכא[5] דִּי־דַהֲבָא
עַל־צַוְּארֵהּ וְהַכְרִזוּ עֲלוֹהִי דִּי־לֶהֱוֵא שַׁלִּיט תַּלְתָּא בְּמַלְכוּתָא׃

---

[1] *(Das Wort)* מְנֵא *(„gezählt") bedeutet ...*

[2] שׁלם Perf. Haf.: *und er hat ihr ein Ende bereitet.*

[3] Man beachte die außergewöhnliche Pleneschreibung der Endung *-tā* (Perf. 2.m.sg.; vgl. → 4.2.1).

[4] יהב Perf. Peʿil.

[5] וְהַמּוֹנְכָא (*Ketib*), וְהַמְנִכָא (*Qere*).

Auch Heinrich Heine fand Gefallen an diesem Text (Daniel, Kap. 5). Er besang die Szene wie folgt:

Belsazar

Heinrich Heine

Die Mitternacht zog näher schon;
In stummer Ruh lag Babylon.

Nur oben in des Königs Schloss,
Da flackert's, da lärmt des Königs Tross.

Dort oben in dem Königssaal
Belsazar hielt sein Königsmahl.

Die Knechte saßen in schimmernden Reihn
Und leerten die Becher mit funkelndem Wein.

Es klirrten die Becher, es jauchzten die Knecht;
So klang es dem störrigen Könige recht.

Des Königs Wangen leuchten Glut;
Im Wein erwuchs ihm kecker Mut.

Und blindlings reißt der Mut ihn fort;
Und er lästert die Gottheit mit sündigem Wort.

Und er brüstet sich frech und lästert wild;
Die Knechtenschar ihm Beifall brüllt.

Der König rief mit stolzem Blick;
Der Diener eilt und kehrt zurück.

Er trug viel gülden Gerät auf dem Haupt;
Das war aus dem Tempel Jehovahs geraubt.

Und der König ergriff mit frevler Hand
Einen heiligen Becher, gefüllt bis am Rand.

Und er leert ihn hastig bis auf den Grund
Und ruft laut mit schäumendem Mund:

"Jehovah! dir künd ich auf ewig Hohn -
Ich bin der König von Babylon!"

Doch kaum das grause Wort verklang,
Dem König ward's heimlich im Busen bang.

Das gellende Lachen verstummte zumal;
Es wurde leichenstill im Saal.

Und sieh! und sieh! an weißer Wand
Das kam's hervor, wie Menschenhand;

Und schrieb, und schrieb an weißer Wand
Buchstaben von Feuer und schrieb und schwand.

Der König stieren Blicks da saß,
Mit schlotternden Knien und totenblass.

Die Knechtschar saß kalt durchgraut,
Und saß gar still, gab keinen Laut.

Die Magier kamen, doch keiner verstand
Zu deuten die Flammenschrift an der Wand.

Belsazar ward aber in selbiger Nacht
Von seinen Knechten umgebracht.

Das nachfolgende kurze Glossar enthält etwa 100 Vokabeln, die gut einzuprägen sind. Sie sind hinsichtlich ihrer Formenbildung und/oder Bedeutung typisch aramäisch. Grundvokabular, das aus dem Biblisch-Hebräischen bekannt sein sollte und auch im Biblisch-Aramäischen bezeugt ist, wurde dagegen nicht berücksichtigt.

א

אַב*	*Vater*, Pl. *אֲבָהָתָא → 2.5		
אבד	*zugrunde gehen* → 7.1	אֱלָהּ	*Gott*
אִגְּרָה	*Brief*	אֲלוּ	*siehe!*; vgl. אֲרוּ mit gleicher Bedeutung
אֱדַ֫יִן	(*so*)*dann, daraufhin*	אָע	*Holz* → 1.3
אֶדְרָע	*Arm*	אֲרוּ	*siehe!*; vgl. אֲלוּ mit gleicher Bedeutung
אֲזַל	(*weg*)*gehen* (nur Perf. und Imp.); vgl. הֲלַךְ	אֲרַק / אֲרַע	*Erde* → 1.3
אָחֳרִי	*eine andere* (lies *oḥ°rī*)	אֲתָה	*kommen*, Haf. *bringen* → 8.2
אַחֲרִי	*Ende* → 2.3 (St.det. אַחֲרִיתָא)	אִתַי	*es gibt* → 3.6
אָחֳרָן	*ein anderer* (lies *oḥ°rān*)	אֲתַר	*Ort, Stelle* → 1.3

ב

בֵּאדַ֫יִן	daraufhin → אֱדַ֫יִן	בַּר	*Sohn*, Pl. *בָּנִים → 2.5
בהל	Pa. *erschrecken*, Hitpe. *sich beeilen*		
בעה	*suchen, bitten*	בְּרַם	*aber*

ג

גְּבַר *Mann*

ד

דָּא *diese* → 3.3

דְּבַח *Opfer* → 1.3

דְּהַב *Gold* → 1.3 und 1.4

דור *wohnen* → 7.2

דְּחֵל *sich fürchten*

דִּי 1. *derjenige von, der des* (zur Umschreibung des Genitivs → 2.6); 2. Relativpronomen (entsprechend hebr. אֲשֶׁר → 3.4); 3. Konjunktion *dass, so dass, damit*; 4. markiert den Anfang einer direkten Rede

דְּנָה *dieser* → 3.3; Fem. דָּא *diese* → 3.3

דקק *zermalmen* → 6.5 (und 8.3)

ה

הֲוָה / הֲוָא *sein* (= hebr. היה) → 8.2

הֲלַךְ *gehen* (Impf.: יְהָךְ) → 8.2; vgl. אֲזַל

הֵן 1. *wenn,* 2. *ob* (indirekte Frage) (= hebr. אִם)

ז

זְמַן *Zeit*

ח

חַד *einer* → 1.5

חוה Pa. *aufzeigen, kundtun* → 8.2

חֲזָה *sehen*

חיה *leben* → 7.4

חֵיוָה *Tier*

חֲמַר *Wein* → 2.4

ט

טְעֵם 1. *Geschmack*; 2. *Verstand, Einsicht*; 3. *Befehl*

טְאֵב *gut sein* (nur Perf. → 4.2.3); das Impf. wird von → יטב gebildet

י

יְדַע *in Erfahrung bringen, wissen* (Impf. יִנְדַּע), Haf. *kundtun* → 7.1

יְהַב *geben* → 7.1

יטב *gut sein, gefallen* (nur Impf. יֵיטַב) → 7.1; das Perf. wird von → טְאֵב gebildet

יְכִל *können, vermögen* (Impf. יִכֻּל und יוּכַל → 7.1); vgl. → כהל

יַצִּיב *fest, gewiss*

יְתִב *sich setzen, sitzen* (= hebr. ישׁב → 1.3) → 4.2.3 und 7.1

יַתִּיר *vorzüglich, außerordentlich, sehr*

כ

כהל *können, vermögen* (nur Part.); das Impf. wird von → יְכִל *gebildet*

כְּעַן *nun, jetzt* (vgl. hebr. עַתָּה)

כְּעֶ֫נֶת *nun, jetzt*

כְּנֵ֫מָא *so, folgendermaßen*

ל

לָהֵן$_1$ *deshalb*

לָהֵן$_2$ (הֵן + לָא) *außer, sondern*

לְוָת *bei*

*לֵילֵי Nacht, St. det. לֵילְיָא

מ

מְחָא *schlagen* (= hebr. מָחַץ) → 8.1

מְטָא *(er)reichen, gelangen, kommen* → 8.1

מִלָּה Wort, St. det. מִלְּתָא, Pl. מִלִּין

מַלְכוּ *Königreich*, St. det מַלְכוּתָה → 2.3

מַן *wer?* → 3.5

מַנְדַּע *Verstand, Einsicht* → 7.1

נ

נְהִיר* (= *Ketib*) *Licht*, St. det. נְהִירָא (*Ketib*), נְהוֹרָא (*Qere*)

נוּר *Feuer*

נְחַת *herabsteigen*, Haf. *niederlegen* → 6.4

נְפַק *herausgehen*, Haf. *herausbringen* → 6.4

נְטַר *bewahren, beschützen* (= hebr. נצר → 1.3) → 6.4

ס

סְבַל *tragen* (vgl. יבל Haf. *bringen*)

סְגִד *sich niederwerfen* → 4.2.3

סְלֵק *hinaufgehen, hochsteigen* → 8.2

ע

עֲדָה *weggehen, vorübergehen*, Haf. *wegnehmen*

עִדָּן *Zeit*

עלל *hineingehen* → 6.5 (nicht zu verwechseln mit hebr. עלה *hinaufsteigen*)

עֲלַע *Rippe* (= hebr. צֵלָע) → 1.3

עָר *Feind* (= hebr. צַר) → 1.3

פ

פֻּם	*Mund* (St. cs. פֻּמֵּהּ; vgl. hebr. פֶּה)
פַּרְזֶל	*Eisen* (vgl. hebr. בַּרְזֶל)
פְּשַׁר	*Deutung*

צ

צבה	*wollen* → *8.1*

ק

קֳבֵל	*Vorderseite* (Grundbedeutung)
לָקֳבֵל	*vor, gegenüber, wegen, weil* (lies: *loq°ḇēl*)
כָּל־קֳבֵל דִּי	*gemäß der Tatsache, dass; weil* → 4.8, Satz 8 (Anmerkung)
קֳדָם	*vor* (*lies: q°ḏām*)
קַיִט	*Sommer* → 1.3

ר

רַב	*groß*, Pl. רַבְרְבִין (→ *2.5*) auch: *die Adeligen, Vornehmen*
רְבוּ	*Größe*, St. det. רְבוּתָא → 2.3

שׂ

שַׂגִּיא	*groß;* (als Adverb) *sehr*

שׁ

שְׁבַק	*(zurück)lassen* → 5.3
שְׁוָה	*gleich sein*
שֻׁם*	*Name*, Pl. *שְׁמָהָתָא → 2.5
שַׁפִּיר	*schön*
שְׁפַר	*schön sein, gefallen*
שָׁעָה	*Stunde*
בַּהּ־שַׁעֲתָא	*in eben dieser Stunde, sofort*

ת

תְּבַר	*zerbrechen* (= hebr. שָׁבַר) → 1.3
תּוּב	*zurückkehren* (= hebr. שׁוּב) → 1.3
תְּחוֹת	*unter* (= hebr. תַּ֫חַת)
תְּרֵין*	*zwei* (< **tnēn*; vgl. hebr. שְׁנַ֫יִם), Fem. תַּרְתֵּין → 1.5
תְּמַהּ	*Wunder*
תְּקִף	*stark sein, hart sein* → 4.2.3
תְּרַע	*Tor* → 1.3 (entspricht hebr. שַׁ֫עַר)

1 *Flexion des Nomens (→ 2.1)*

		Mask.		*Fem.*	
Sg.	*St. abs.*	- Ø	טָב	- *ā*	טָבָה
	St. cs.	- Ø	טָב	- *aṯ*	טָבַת
	St. det.	- *ā*	טָבָא	- *ṯā*	טָבְתָא
Pl.	*St. abs.*	- *īn*	טָבִין	- *ān*	טָבָן
	St. cs.	- *ē*	טָבֵי	- *āṯ*	טָבָת
	St. det.	- *ayyā*	טָבַיָּא	- *āṯā*	טָבָתָא

2 *Feminine Nomina auf -īṯ und -ūṯ (→ 2.3)*

		St. abs.	*St. cs.*	*St. det.*	
-*īṯ*	*Sg.*	אַחֲרִי	אַחֲרִית	אַחֲרִיתָא	*Ende*
-*ūṯ*	*Sg.*	מַלְכוּ	מַלְכוּת	מַלְכוּתָא	*Königreich*
	Pl.	מַלְכְוָן	מַלְכְוָת	מַלְכְוָתָא	*Königreiche*

3 *qVtl-Segolata* (→ 2.4)

	St. det.		*St. abs. / St. cs.*	*hebräisch*
qatl	כַּסְפָּא	*das Silber*	כְּסַף	כֶ֫סֶף
	דִּבְחָא	*das Opfer*	דְּבַח	זֶ֫בַח
qitl	סִפְרָא	*das Buch*	סְפַר	סֵ֫פֶר
	חֶלְמָא	*der Traum*	חֵ֫לֶם	(חֲלוֹם)
qutl	קׇשְׁטָא	*die Wahrheit*	קְשֹׁט	

4 *Personalpronomen (→ 3.1)*

		Aramäisch		*vgl. Hebr.*
Sg.	*1.*	אֲנָה	*ich*	אֲנִי
	2. m.	אַנְתְּ(ה)[82]	*du*	אַתָּה
	3. m.	הוּא	*er*	הוּא
	3.f.	הִיא	*sie*	הִיוֹ
Pl.	*1.*	אֲנַחְנָה/א	*wir*	אֲנַחְנוּ
	2. m.	אַנְתּוּן	*ihr*	אַתֶּם
	3. m.	הִמּוֹ(ן) / אִנּוּן	*sie (m.)*	הֵמָּה / הֵם
	3. f.	אִנִּין	*sie (f.)*	הֵנָּה

[82] Qere אַנְתְּ(ה); Ketib אַנְתָּה.

5 *Nomen mit Pronominalsuffixen* (→ *3.2*)

		Singularreihe		*Pluralreihe*	
Sg.	*1.*	יוֹמִי	*mein Tag*	יוֹמַי	*meine Tage*
	2. m.	יוֹמָךְ	*dein Tag*	Ketib יומיך	*deine Tage*
				Qere יוֹמָךְ	(wie Sg.)
	3. m.	יוֹמֵהּ	*sein Tag*	יוֹמ֫וֹהִי	*seine Tage*
	3.f.	יוֹמַהּ	*ihr Tag*	Ketib יומיה	*ihre Tage*
				Qere יוֹמַהּ	(wie Sg.)
Pl.	*1.*	יוֹמַ֫נָא[83]	*unser Tag*	Qere[84] יוֹמַ֫נָא	*unsere Tage*
	2. m.	יוֹמְכֹן / יוֹמְכֹם	*euer Tag*	יוֹמֵיכוֹן	*eure Tage*
	3. m.	יוֹמְהֹן / יוֹמְהֹם	*ihr Tag*	יוֹמֵיהוֹן / יוֹמֵיהֹם	*ihre Tage*
	3.f.	יוֹמְהֵין		יוֹמֵיהֵין	

[83] Auch יוֹמָ֫נָא.

[84] Ketib יוֹמַיְנָא bzw. יוֹמֵינָא (Beleg: איתינא *wir sind*, Dan 3 18); Qere יוֹמַ֫נָא (אִיתַ֫נָא).

6 Paradigma des starken Verbs: Peˁal (→ 5.2)

		Peˁal			
Perf. sg.	*3.m.*	כְּתַב	*Impf. sg.*	*3.m.*	יִכְתֻּב
	3.f.	כִּתְבַת		*3.f.*	תִּכְתֻּב
	2.m.	כְּתַבְתְּ / כְּתַ֫בְתָּ		*2.m.*	תִּכְתֻּב
	1.	כִּתְבֵת		*1.*	אֶכְתֻּב / אִכְתֻּב
pl.	*3.m.*	כְּתַ֫בוּ	*pl.*	*3.m.*	יִכְתְּבוּן
	3.f.	כְּתַ֫בָה		*3.f.*	יִכְתְּבָן
	2.m.	כְּתַבְתּוּן		*2.m.*	תִּכְתְּבוּן
	1.	כְּתַ֫בְנָא		*1.*	נִכְתֻּב

Imp. sg.	*m.*	כְּתֻב
	f.	כְּתֻ֫בִי
pl.	*m.*	כְּתֻ֫בוּ

		Aktiv	*Passiv*
Part. sg.	*m.*	כָּתֵב	כְּתִיב
	f.	כָּתְבָה	כְּתִיבָה
pl.	*m.*	כָּתְבִין	כְּתִיבִין
	f.	כָּתְבָן	כְּתִיבָן

Inf.	מִכְתַּב

6 *Paradigma des starken Verbs: Hitpeˁel (→ 5.2)*

	Hitpeˁel		
Perf. sg. 3.m.	הִתְכְּתֵב	*Impf. sg. 3.m.*	יִתְכְּתֵב
	הִתְכְּתִב		
3.f.	הִתְכַּתְבַת ־תֶ֫בֶת	*3.f.*	תִּתְכְּתֵב
	אִתְכְּתֶ֫בֶת		
2.m.	הִתְכְּתֵבְתְּ	*2.m.*	תִּתְכְּתֵב
1.	הִתְכַּתְבֵת	*1.*	אֶתְכְּתֵב
pl. 3.m.	הִתְכְּתִ֫בוּ	*pl. 3.m.*	יִתְכַּתְבוּן
3.f.	הִתְכְּתִ֫בָה	*3.f.*	יִתְכַּתְבָן
2.m.	הִתְכְּתֵבְתּוּן	*2.m.*	תִּתְכַּתְבוּן
1.	הִתְכְּתֵ֫בְנָא	*1.*	נִתְכְּתֵב
Imp. sg. m.			
f.			
pl. m.			
Part. sg. m.	מִתְכְּתֵב		
f.	מִתְכַּתְבָה		
pl. m.	מִתְכַּתְבִין		
f.	מִתְכַּתְבָן		
Inf.	הִתְכְּתָבָה אֶתְ-		

6 *Paradigma des starken Verbs: Paˁˁel (→ 5.2)*

		Paˁˁel			
Perf. sg.	*3.m.*	כַּתֵּב כַּתִּב	*Impf. sg.*	*3.m.*	יְכַתֵּב ־תִּב
	3.f.	כַּתְּבַת		*3.f.*	תְּכַתֵּב
	2.m.	כַּתֵּבְתְּ		*2.m.*	תְּכַתֵּב
	1.	כַּתְּבֵת		*1.*	אֲכַתֵּב
pl.	*3.m.*	כַּתִּ֫בוּ	*pl.*	*3.m.*	יְכַתְּבוּן
	3.f.	כַּתִּ֫בָה		*3.f.*	יְכַתְּבָן
	2.m.	כַּתֵּבְתּוּן		*2.m.*	תְּכַתְּבוּן
	1.	כַּתֵּ֫בְנָא		*1.*	נְכַתֵּב

Imp. sg.	*m.*	כַּתֵּב
	f.	כַּתִּ֫בִי
pl.	*m.*	כַּתִּ֫בוּ

		Aktiv	*Passiv*
Part. sg.	*m.*	מְכַתֵּב	מְכַתַּב
	f.	מְכַתְּבָה	מְכַתְּבָה
pl.	*m.*	מְכַתְּבִין	מְכַתְּבִין
	f.	מְכַתְּבָן	מְכַתְּבָן

Inf.	כַּתָּבָה

6 *Paradigma des starken Verbs: Hitpaʿʿal (→ 5.2)*

		Hitpaʿʿal			
Perf. sg.	*3.m.*	הִתְכַּתַּב אֶתְ־	*Impf. sg.*	*3.m.*	יִתְכַּתַּב
	3.f.	הִתְכַּתְּבַת		*3.f.*	תִּתְכַּתַּב
	2.m.	הִתְכַּתַּבְתְּ		*2.m.*	תִּתְכַּתַּב
	1.	הִתְכַּתְּבֵת		*1.*	אֶתְכַּתַּב
pl.	*3.m.*	הִתְכַּתַּ֫בוּ	*pl.*	*3.m.*	יִתְכַּתְּבוּן
	3.f.	הִתְכַּתַּ֫בָה		*3.f.*	יִתְכַּתְּבָן
	2.m.	הִתְכַּתַּבְתּוּן		*2.m.*	תִּתְכַּתְּבוּן
	1.	הִתְכַּתַּ֫בְנָא		*1.*	נִתְכַּתַּב
Imp. sg.	*m.*				
	f.				
pl.	*m.*				
		Aktiv			
Part. sg.	*m.*	מִתְכַּתַּב			
	f.	מִתְכַּתְּבָה			
pl.	*m.*	מִתְכַּתְּבִין			
	f.	מִתְכַּתְּבָן			
Inf.		הִתְכַּתָּבָה			

6 Paradigma des starken Verbs: Hafʿel (→ 5.2)

		Hafʿel			Hofʿal
Perf. sg.	*3.m.*	הַכְתֵּב ־תִּב אַכְתֵּב	*Impf. sg.*	*3.m.*	יְהַכְתֵּב ־תִּב יַכְתֵּב ־תִּב
	3.f.	הַכְתְּבַת ־תֶּ֫בֶת		*3.f.*	תְּהַכְתֵּב
	2.m.	הַכְתֵּבְתְּ		*2.m.*	תְּהַכְתֵּב
	1.	הַכְתְּבֵת ־תֶּ֫בֶת		*1.*	אֲהַכְתֵּב
pl.	*3.m.*	הַכְתִּ֫בוּ	*pl.*	*3.m.*	יְהַכְתְּבוּן
	3.f.	הַכְתִּ֫בָה		*3.f.*	יְהַכְתְּבָן
	2.m.	הַכְתֵּבְתּוּן		*2.m.*	תְּהַכְתְּבוּן
	1.	הַכְתֵּ֫בְנָא		*1.*	נְהַכְתֵּב

Imp. sg.	*m.*	הַכְתֵּב אַכְתִּב אַכְתֵּב
	f.	הַכְתִּ֫בִי
pl.	*m.*	הַכְתִּ֫בוּ

		Aktiv	*Passiv*
Part. sg.	*m.*	מְהַכְתֵּב מַכְתֵּב ,־תִּב	מְהַכְתַּב
	f.	מְהַכְתְּבָה	מְהַכְתְּבָה
pl.	*m.*	מְהַכְתְּבִין	מְהַכְתְּבִין
	f.	מְהַכְתְּבָן	מְהַכְתְּבָן

Inf.	הַכְתָּבָה אַכְתָּבָא

6 Paradigma des starken Verbs (→ 5.2)

	Peˁal	Peˁil	Hitpeˁel
Perf. *sg.* *3.m.*	כְּתַב	כְּתִיב	הִתְכְּתֵב / הִתְכְּתִב
3.f.	כִּתְבַת	כְּתִיבַת	הִתְכַּתְבַת/ כְּתֶ֫בֶת אִתְכְּתֶ֫בֶת → 5.4
2.m.	כְּתַבְתְּ / כְּתַ֫בְתָּ	כְּתִ֫יבְתָּ	הִתְכְּתֵבְתְּ
1.	כִּתְבֵת	כְּתִיבֵת	הִתְכַּתְבֵת
pl. *3.m.*	כְּתַ֫בוּ	כְּתִ֫יבוּ	הִתְכְּתִ֫בוּ
3.f.	כְּתַ֫בָה	כְּתִ֫יבָה	הִתְכְּתִ֫בָה
2.m.	כְּתַבְתּוּן	כְּתִיבְתּוּן	הִתְכְּתֵבְתּוּן
1.	כְּתַ֫בְנָא	כְּתִ֫יבְנָא	הִתְכְּתֵ֫בְנָא
Impf. *sg.* *3.m.*	יִכְתֻּב		יִתְכְּתֵב
3.f.	תִּכְתֻּב		תִּתְכְּתֵב
2.m.	תִּכְתֻּב		תִּתְכְּתֵב
1.	אֶכְתֻּב / אִכְתֻּב		אֶתְכְּתֵב
pl. *3.m.*	יִכְתְּבוּן		יִתְכַּתְבוּן
3.f.	יִכְתְּבָן		יִתְכַּתְבָן
2.m.	תִּכְתְּבוּן		תִּתְכַּתְבוּן
1.	נִכְתֻּב		נִתְכְּתֵב
Imp. *sg.* *m.*	כְּתֻב		
f.	כְּתֻ֫בִי		
pl. *m.*	כְּתֻ֫בוּ		
	Aktiv	*Passiv*	
Part. *sg.* *m.*	כָּתֵב	כְּתִיב	מִתְכְּתֵב
f.	כָּתְבָה	כְּתִיבָה	מִתְכַּתְבָה
pl. *m.*	כָּתְבִין	כְּתִיבִין	מִתְכַּתְבִין
f.	כָּתְבָן	כְּתִיבָן	מִתְכַּתְבָן
Inf.	מִכְתַּב		הִתְכְּתָבָה אֶתְ-

Pa''el	Pu''al	Hitpa''al	Haf'el[1]	Huf'al
כַּתֵּב כַּתִּב	כֻּתַּב*	הִתְכַּתַּב אֶתְ-	הַכְתֵּב ־תִּב אַכְתֵּב[1]	הֻכְתַּב
כַּתְּבַת		הִתְכַּתְּבַת	הַכְתְּבַת ־תְּבֶת	הֻכְתְּבַת
כַּתֵּבְתְּ		הִתְכַּתַּבְתְּ	הַכְתֵּבְתְּ	הֻכְתַּבְתְּ
כַּתְּבֵת		הִתְכַּתְּבֵת	הַכְתְּבֵת ־תְּבֶת	הֻכְתְּבֵת
כַּתִּבוּ	כֻּתַּבוּ*	הִתְכַּתַּבוּ	הַכְתִּבוּ	הֻכְתַּבוּ
כַּתִּבָה		הִתְכַּתַּבָה	הַכְתִּבָה	הֻכְתַּבָה
כַּתֵּבְתּוּן		הִתְכַּתַּבְתּוּן	הַכְתֵּבְתּוּן	הֻכְתַּבְתּוּן
כַּתֵּבְנָא		הִתְכַּתַּבְנָא	הַכְתֵּבְנָא	הֻכְתַּבְנָא
יְכַתֵּב ־תִּב		יִתְכַּתַּב	יְהַכְתֵּב ־תִּב יַכְתֵּב ־תִּב[1]	
תְּכַתֵּב		תִּתְכַּתַּב	תְּהַכְתֵּב	
תְּכַתֵּב		תִּתְכַּתַּב	תְּהַכְתֵּב	
אֲכַתֵּב		אֶתְכַּתַּב	אֲהַכְתֵּב	
יְכַתְּבוּן		יִתְכַּתְּבוּן	יְהַכְתְּבוּן	
יְכַתְּבָן		יִתְכַּתְּבָן	יְהַכְתְּבָן	
תְּכַתְּבוּן		תִּתְכַּתְּבוּן	תְּהַכְתְּבוּן	
נְכַתֵּב		נִתְכַּתַּב	נְהַכְתֵּב	
כַּתֵּב			הַכְתֵּב אַכְתִּב[1] אַכְתֵּב[1]	
כַּתִּבִי			הַכְתִּבִי	
כַּתִּבוּ			הַכְתִּבוּ	
Aktiv	*Passiv*		*Aktiv*	*Passiv*
מְכַתֵּב	מְכַתַּב	מִתְכַּתַּב	מְהַכְתֵּב מַכְתֵּב, ־תִּב	מְהַכְתַּב
מְכַתְּבָה	מְכַתְּבָה	מִתְכַּתְּבָה	מְהַכְתְּבָה	מְהַכְתְּבָה
מְכַתְּבִין	מְכַתְּבִין	מִתְכַּתְּבִין	מְהַכְתְּבִין	מְהַכְתְּבִין
מְכַתְּבָן	מְכַתְּבָן	מִתְכַּתְּבָן	מְהַכְתְּבָן	מְהַכְתְּבָן
כַּתָּבָה		הִתְכַּתָּבָה	הַכְתָּבָה אַכְתָּבָא	

[1] Af'el-Bildung (→ 6.1).

7 Perfekt mit Suffixen (→ 6.3.1)

		Perf. *3.m.sg.*	*2.m.sg.*	*3.m.pl.*
	ohne Suff.	כְּתַב	כְּתַבְתְּ / כְּתַ֫בְתָּ	כְּתַ֫בוּ
Suff.	*3.m.sg.*	כַּתְבֵהּ		כַּתְבוּ֫הִי
	3.f.sg.	כַּתְבָהּ	כְּתַבְתָּהּ	כַּתְבוּהּ
	2.m.sg.	כַּתְבָךְ		כַּתְבוּךְ
	1.sg.	כַּתְבַ֫נִי	כְּתַבְתַּ֫נִי	כַּתְבוּ֫נִי
	1.pl.	כַּתְבֶ֫נָא	כְּתַבְתֶּ֫נָא	כַּתְבוּ֫נָא

8 Imperfekt mit Suffixen (→ 6.3.2)

		Impf. *3.m.sg.*	*3.m.pl.*
	ohne Suff.	יִכְתֻּב	יִכְתְּבוּן
Suff.	*3.m.sg.*	יִכְתְּבִנֵּהּ	יִכְתְּבוּנֵּהּ
	3.f.sg.	יִכְתְּבִנָּהּ	יִכְתְּבוּנָּהּ
	2.m.sg.	יִכְתְּבִנָּךְ	יִכְתְּבוּנָּךְ
	1.sg.	יִכְתְּבִנַּ֫נִי	יִכְתְּבוּנַּ֫נִי
	2.m.pl.	יִכְתְּבִנְכוֹן	יִכְתְּבוּנְכוֹן

9 Jussiv mit Suffixen (→ 6.3.3)

		Juss. *3.m.sg.*	*3.m.pl.*
Suff.	*3.m.sg.*	יִכְתְּבֵהּ	יִכְתְּב֫וּהִי
	3.f.sg.	יִכְתְּבָהּ	יִכְתְּבוּהּ
	2.m.sg.	יִכְתְּבָךְ	יִכְתְּבוּךְ

10 *Infinitiv Hafʿel mit Suffixen (→ 6.3.5)*

		Inf.
	ohne Suffix	הַכְתָּבָה
Sf.	*3.m.sg.*	הַכְתָּבוּתֵהּ
	3.f.sg.	הַכְתָּבוּתָהּ
	2.m.sg.	הַכְתָּבוּתָךְ
	1.sg.	הַכְתָּבוּתַ֫נִי
	1.pl.	הַכְתָּבוּתַ֫נָא

11 *Verben primae Nun (→ 6.4)*

Perf.	נְפַל
Impf.	יִפֵּל / יִנְפֵּל
Imp.	פֵּל
Part.	נָפֵל
Inf.	מִפַּל / מִנְפַּל

12 Übersichtsparadigma der schwachen Verben (→ 8.3)

Peʿal	II-*gem.*	I-*inf.*	II-*inf.*	III-*inf.*	*starkes Verb*
Perf.	דַּק	יְתִב	קָם	בְּנָה	כְּתַב
Impf.	יֵדֻּק/יִדֹּק	יִתִּב/יִנְתִּב	יְקוּם	יִבְנֵא	יִכְתֻּב
Imp.	דֻּק / דֹּק	תִּב	קוּם	בְּנִי	כְּתֻב
Part.	דָּקֵק	יָתֵב	קָאֵם	בָּנֵה	כָּתֵב
Inf.	מִדַּק		מְקָם	מִבְנֵא	מִכְתַּב
Hafʿel					
Perf.	הַדֵּק (הַנְדֵּק)	הוֹתֵב	הֲקִים	הַבְנִי	הַכְתֵּב
Impf.	יְהַדֵּק	יְהוֹתֵב	יְהָקֵים	יְהַבְנֵא	יְהַכְתֵּב
Imp.	הַדֵּק	הוֹתֵב	הֲקִים	הַבְנִי	הַכְתֵּב
Part.	מְהַדֵּק / מַדֵּק	מְהוֹתֵב	מְהָקֵים	מְהַבְנֵא	מְהַכְתֵּב
Inf.	הַדָּקָה	הוֹתָבָה	הֲקָמָה	הַבְנָיָה	הַכְתָּבָה

13 *Verben mediae geminatae* (→ 6.5)

		Peʕal	Hafʕel	Hufʕal
Perf. sg.	*3.m.*	דַּק	הַדֵּק / הַנְדֵּק Af. אַדֵּק	הֻדַּק
	3.f.	דַּקַּת (דקקת)	הַדֶּ֫קֶת	
	2.m.	דְּקַ֫קְתָּ		
pl.	*3.m.*	דַּ֫קּוּ		
Impf. sg.	*3.m.*	יֵדֻּק / יִדֹּק	יְהַדֵּק	
	3.f.	תֵּדֻּק / תִּדֹּק		
pl.	*3.m.*	תִּדְּקוּן		
Imp. sg.	*m.*	דֻּק / דֹּק	הַדֵּק / הַנְדֵּק Af. אַדֵּק	
pl.	*m.*	דֻּ֫קּוּ / דֹּ֫קּוּ	הַדִּ֫קּוּ	
Part.			מְהַדֵּק Af. מַדֵּק	
Inf.		מִדַּק	הַדָּקָה / הַנְדָּקָה	

14 *Verben primae infirmae* (→ 7.1)

		Typ I-*w*				Typ I-*y*	
Peʕal	*Perf.*	יְתִב	יְדַע	יְהַב	יְכִל	--	
	Impf.	יִתִּב	יִנְדַּע / יִדַּע	--	יִכֻּל	יֵיטַב	
	Imp.	תִּב	דַּע	הַב			
Hafʕel	*Perf.*	הוֹתֵב	הוֹדַע		הוֹבֵד (I-ʔ)	הֵיטַב	הֵימִן
	Impf.	יְהוֹתֵב	יְהוֹדַע		יְהוֹבֵד	יְהֵיתֵב	יְהֵימִן
	Inf.	הוֹתָבָה			הוֹבָדָה	הֵתָבָה	הֵימָנָה
Hufʕal	*Perf.*	הוּתַב			הוּבַד (I-ʕ)		

15 *Verben mediae infirmae* (→ 7.2)

		Peʿal		Peʿil	Hitpeʿel	Paʿʿel	Pōlel	Hitpōlal
Perf. sg.	*3.m.*	קָם	שָׂם	שִׂים	הִתְּשָׂם* הִתְּשִׂים*			הִתְרוֹמַם
	3.f.	קָמַת	שָׂמַת	שְׂמַת				
	2.m.	קָמְתָּ	שָׂמְתָּ					הִתְרוֹמַמְתָּ
	2.f.							
	1.	קָמֵת	שָׂמֵת					
pl.	*3.m.*	קָמוּ	שָׂמוּ					
Impf. sg.	*3.m.*	יְקוּם	יְשִׂים		יִתְּשָׂם יִתְּשִׂים			
	3.f.	תְּקוּם	תְּשִׂים					
	1.	אֲקוּם	אֲשִׂים					
pl.	*3.m.*	יְקוּמוּן	יְשִׂימוּן		יִתְּשָׂמוּן			
	3.f	יְקוּמָן	יְשִׂימָן					
Imp. sg.	*m.*	קוּם	שִׂים					
	f.	קוּמִי	שִׂימִי					
pl.	*m.*	קוּמוּ	שִׂימוּ					
Part. sg.	*m.*	קָאֵם	שָׂאֵם		מִתְּשָׂם		מְרוֹמֵם	
Inf.		מְקָם	מְשָׂם			קַיָּמָה		

		Hafˁel	Afˁel	Hufˁal
Perf. sg.	*3.m.*	הֲקִים / הֲקֵים	אֲקִים	
	3.f.	הֲקִימַת		הֳקִמַת
	2.m.	הֲקֵ֫ימְתָּ		
	1.	הֲקֵ֫ימֶת		
pl.	*3.m.*	הֲקִ֫ימוּ		
Impf. sg.	*3.m.*	יְהָקֵים	יְקִים	
	3.f.	תְּהָקֵים	תְּקִים / תְּקֵים / תָּקֵים	
pl.	*3.m.*	יְהֲקִימוּן	תְּקִימוּן	
Imp. sg.	*m.*	הֲקִים		
Part. sg.	*m.*	מְהָקֵים	מְקִים/מָקִים	
Inf.		הֲקָמָה		

16 *Verben tertiae infirmae* (→ 8.1)

		Peˤal	Peˤil	Hitpeˤel
Perf. sg.	*3.m.*	בְּנָה / בְּנָא	בְּנִי	הִתְבְּנִי
	3.f.	בְּנַת / בְּנָת		הִתְבְּנִ֫יַת
	2.m.	בְּנַ֫יְתָ		הִתְבְּנִ֫יתָ
	1.	בְּנֵית		הִתְבְּנִית
pl.	*3.m.*	בְּנוֹ	בְּנִיו	הִתְבְּנִיו
	2.m.	בְּנֵיתוּן		הִתְבְּנִתוּן
	1.	בְּנֵ֫ינָא		הִתְבְּנִ֫ינָא
Impf. sg.	*3.m.*	יִבְנֵא		יִתְבְּנֵא
	3.f.	תִּבְנֵא		תִּתְבְּנֵא
	2.m.	תִּבְנֵא		תִּתְבְּנֵא
	1.	אֶבְנֵא		אֶתְבְּנֵא
pl.	*3.m.*	יִבְנוֹן		יִתְבְּנוֹן
	3.f.	יִבְנְיָן		יִתְבַּנְיָן
	2.m.	תִּבְנוֹן		תִּתְבְּנוֹן
	1.	נִבְנֵא		נִתְבְּנֵא
Imp. sg.	*m.*	בְּנִי		
pl.	*m.*	בְּנוֹ		
		aktiv	*passiv*	
Part. sg.	*m.*	בָּנֵה / בָּנֵא	בְּנֵה / בְּנֵא	מִתְבְּנֵא
	f.	בָּנְיָה	בַּנְיָה	מִתְבַּנְיָה
pl.	*m.*	בָּנַ֫יִן	בְּנַ֫יִן	מִתְבְּנַ֫יִן
	f.	בָּנְיָן	בַּנְיָן	מִתְבַּנְיָן
Inf.		מִבְנֵא		הִתְבְּנָיָה

		Paˁel		Hitpaˁˁal	Hafˁel	
Perf. sg.	3.m.	בַּנִּי		הִתְבַּנִּי	הַבְנִי	
	2.m.	בַּנִּ֫יתָ		הִתְבַּנִּ֫יתָ	הַבְנִ֫יתָ	
	1.	בַּנִּית		הִתְבַּנִּית	הַבְנִית	
pl.	3.m.	בַּנִּיו		הִתְבַּנִּיו	הַבְנִין	
	2.m.	בַּנִּיתוּן		הִתְבַּנִּיתוּן	הַבְנִיתוּן	
	1.	בַּנִּ֫ינָא		הִתְבַּנִּ֫ינָא	הַבְנִ֫ינָא	
Impf. sg.	3.m.	יְבַנֵּא		יִתְבַּנֵּא	יְהַבְנֵא	
	3.f.	תְּבַנֵּא		תִּתְבַּנֵּא	תְּהַבְנֵא	
	2.m.	תְּבַנֵּא		תִּתְבַּנֵּא	תְּהַבְנֵא	
	1.	אֲבַנֵּא		אֶתְבַּנֵּא	אֲהַבְנֵא	
pl.	3.m.	יְבַנּוֹן		יִתְבַּנּוֹן	יְהַבְנוֹן	
	3.f	יְבַנְּיָן		יִתְבַּנְּיָן	יְהַבְנְיָן	
	2.m.	תְּבַנּוֹן		תִּתְבַּנּוֹן	תְּהַבְנוֹן	
	1.	נְבַנֵּא		נִתְבַּנֵּא	נְהַבְנֵא	
Imp. sg.	m.	בַּנִּי			הַבְנִי	
pl.	m.	בַּנּוֹ			הַבְנוֹ	
		aktiv	*passiv*		*aktiv*	*passiv*
Part. sg.	m.	מְבַנֵּא	מְבַנַּי	מִתְבַּנֵּא	מְהַבְנֵא	מְהַבְנַי
	f.	מְבַנְּיָה	מְבַנְּיָה	מִתְבַּנְּיָה	מְהַבְנְיָה	מְהַבְנְיָה
pl.	m.	מְבַנַּ֫יִן	מְבַנַּ֫יִן	מִתְבַּנַּ֫יִן	מְהַבְנַ֫יִן	מְהַבְנַ֫יִן
	f.	מְבַנְּיָן	מְבַנְּיָן	מִתְבַּנְּיָן	מְהַבְנְיָן	מְהַבְנְיָן
Inf.		בַּנָּיָה		הִתְבַּנָּיָה	הַבְנָיָה	

17 Kardinalzahlen (→ 1.5)

	Beim Maskulinum		*Beim Femininum*	
	aramäisch	*vgl. hebräisch*	*aramäisch*	*vgl. hebräisch*
1	חַד	אֶחָד	חֲדָה	אַחַת
2	תְּרֵין*	שְׁנַיִם	תַּרְתֵּין	שְׁתַּיִם
3	תְּלָתָה	שְׁלֹשָׁה	תְּלָת	שָׁלֹשׁ
4	אַרְבְּעָה	אַרְבָּעָה	אַרְבַּע	אַרְבַּע
6	—	שִׁשָּׁה	שִׁת / שֵׁת	שֵׁשׁ
7	שִׁבְעָה	שִׁבְעָה	—	שֶׁבַע
10	עַשְׂרָה	עֲשָׂרָה	עֲשַׂר	עֶשֶׂר
20	עֶשְׂרִין	עֶשְׂרִים		
30	תְּלָתִין	שְׁלֹשִׁים		
100	מְאָה	מֵאָה		
200	מָאתַיִן	מָאתַיִם		
1000	אֲלַף	אֶלֶף		
10000	רִבּוֹ	רִבּוֹ		

Abkürzungsverzeichnis

*	rekonstruierte Wortform
Adj.	Adjektiv
ähnl.	ähnlich
akt.	aktiv
aram.	aramäisch
Dan	Das Buch Daniel
eig.	eigentlich
Esr	Das Buch Esra
f(em).	feminin
Gen	Das Buch Genesis
Haf.	Hafˤel
hebr.	hebräisch
Hitpa.	Hitpaˤˤal
Hitpe.	Hitp^{e}ˤel
Huf.	Hu/ofˤal
Imp.	Imperativ
Impf.	Imperfekt
Inf.	Infinitiv
Jer	Das Buch Jeremia
m(ask).	maskulin
Pa.	Paˤˤel
Part.	Partizip
pass.	passiv
Pe. pass.	passives P^{e}al (=Peˤil [Pi.])

Pe.	Pᵉal
Perf.	Perfekt
Pi.	Peʿil
Pl.	Plural
Pu.	Puʿʿal
Šaf.	Šafʿel
sem.	semitisch
Sg.	Singular
Subst.	Substantiv
Suff.	(pronominales) Suffix
wörtl.	wörtlich

Belegstellen der Übungstexte

Lektion 2

1. Dan 3 1
2. Dan 5 1
3. Dan 2 37
4. Dan 2 40
5. Dan 2 48
6. Dan 2 48
7. Dan 7 3
8. Dan 2 14
9. Dan 2 10
10. Dan 3 3
11. Dan 5 5
12. Dan 7 10

Lektion 3

1. Dan 3 1
2. Dan 3 33
3. Dan 2 28
4. Dan 5 11
5. Esr 5 11
6. Dan 5 25
7. Dan 6 27
8. Dan 7 14
9. Dan 2 10
10. Dan 2 47
11. Dan 2 30
12. Dan 2 45
13. Dan 2 32
14. Dan 2 45
15. Dan 4 9

Lektion 4

1. Dan 2 17
2. Dan 6 6
3. Dan 2 46
4. Dan 7 3
5. Dan 3 26
6. Dan 6 26
7. Dan 3 5
8. Dan 6 10
9. Dan 4 18
10. Dan 4 19
11. Dan 4 12
12. Dan 2 12
13. Esr 4 24
14. Dan 5 5
15. Dan 7 7

Lektion 5

1. Dan 5 24
2. Dan 2 6
3. Dan 3 22
4. Dan 3 20
5. Esr 5 12
6. Dan 5 22
7. Dan 5 29
8. Dan 7 24
9. Esr 7 19
10. Dan 2 44
11. Dan 2 46
12. Dan 4 30
13. Dan 5 11
14. Esr 6 2
15. Esr 4 18
16. Esr 4 11

Lektion 6

1. Esr 5 15
2. Dan 4 11
3. Dan 3 28
4. Dan 6 28
5. Esr 4 13
6. Dan 7 10
7. Dan 2 38
8. Dan 2 48
9. Dan 2 16
10. Dan 5 2
11. Dan 4 20
12. Dan 5 10
13. Dan 4 16

Lektion 7

1. Dan 5 16
2. Dan 6 17
3. Dan 4 13
4. Dan 2 18
5. Dan 7 11
6. Dan 3 10
7. Dan 3 10
8. Dan 3 29
9. Dan 3 2
10. Dan 3 12
11. Dan 3 14
12. Dan 4 14
13. Dan 2 12
14. Dan 2 15
15. Esr 4 16
16. Dan 5 23
17. Dan 5 17

Lektion 8

1. Dan 3 2
2. Dan 6 9
3. Dan 4 19
4. Dan 2 35
5. Esr 5 11
6. Dan 2 20
7. Dan 2 43
8. Esr 5 15
9. Dan 2 24
10. Dan 5 3
11. Dan 5 12
12. Dan 5 13
13. Dan 2 4
14. Esr 4 12
15. Esr 4 13
16. Dan 5 23

Sachregister